THAI FOLK WISDOM

THAI FOLK WISDOM

CONTEMPORARY TAKES ON TRADITIONAL PROVERBS

TULAYA PORNPIRIYAKULCHAI . JANE VEJJAJIVA

ถึงพริกถึงขิง

มุมมองใหม่สุภาษิตไทย

ตุลยา พรพิริยะกุลชัย . งามพรรณ เวชชาชีวะ

RIVER BOOKS

THAI FOLK WISDOM

CONTEMPORARY TAKES ON TRADITIONAL PROVERBS

ถึงพริกถึงขิง

มุมมองใหม่สุภาษิตไทย

supported by ThaiBev THAI

First edition published in Thailand in 2010 by
River Books Co., Ltd.
396 Maharaj Road, Tatien, Bangkok 10200
Tel. 66 2 6221900, 2254963, 2246686
Fax. 66 2 2253861
E-mail: order@riverbooksbk.com
www.riverbooksbk.com

British Library Cataloguing-in-Publication Data.
A catalogue record for this book is available from the British Library

ISBN 978-974-9863-78-7

Editor: Narisa Chakrabongse
Translation: Narisa Chakrabongse
Conceptual Director: Tulaya Pornpiriyakulchai
Design: Tulaya Pornpiriyakulchai
Production Supervision: Paisarn Piemmettawat

Printed and bound in Thailand by Bangkok Printing Co., Ltd.

CONTENTS

13 ฝนตกไม่ทั่วฟ้า
It doesn't rain across the whole sky

14 เสือสิงห์กระทิงแรด
Tigers, lions, buffalos and rhinos

15 ผู้ดีตีนแดง ตะแคงตีนเดิน
Fancy folks with red soles ....

16 ยิงปืนนัดเดียวได้นกสองตัว
Killing two birds with one shot

17 ดอกพิกุลร่วง
Pikul flowers float down

18 เสือนอนกิน
Tigers eat lying down

19 สอนสังฆราชอ่านหนังสือ
Teaching the chief patriarch to read

20 ลิงตกต้นไม้
Monkeys can fall from a tree

21 เดินตามผู้ใหญ่ หมาไม่กัด
Walk behind the elders and the dogs won't bite

22 ไม้อ่อนดัดง่าย ไม้แก่ดัดยาก
To train a young tree is easy, to train an old tree is difficult

23 ปลาหมอตายเพราะปาก
The perch dies because of its mouth

24 เหยียบเรือสองแคม
Straddling two boats at once

25 กงเกวียนกำเกวียน
A cartwheel rim and its spokes belong together

26 ก้นหม้อไม่ทันดำ
The pot bases have yet to blacken

27 หนีเสือปะจระเข้ ขึ้นต้นไม้ปะรังแตน
Escape a tiger, meet a crocodile,.....

28 กาคาบพริก
A crow with a chilli in its beak

29 ขี่ช้างจับตั๊กแตน
Riding an elephant to catch a cricket

30 ตำน้ำพริกละลายแม่น้ำ
Pounding chilli paste to flavour the river

31 สีซอให้ควายฟัง
Playing the fiddle to water buffalos

32 เจ๊กตื่นไฟ
Chinese frightened by the fire

33 หมูเห็ดเป็ดไก่
Pork, mushrooms, ducks and chickens

34 เข้าเมืองตาหลิ่ว ต้องหลิ่วตาตาม
When entering the land of the cyclops, be a cyclops too

35 สุกก็จะหอม งอมก็จะหล่น
When ripe the fruit is fragrant, when overipe the fruit will fall

36 ย้ำคิดย้ำทำ
Thinking over and over, repeating again and again

37 ว่าแต่เขา อิเหนาเป็นเอง
While blaming others, I-nao does the same

38 ช้างตายทั้งตัว เอาใบบัวปิดไม่มิด
You can't hide a dead elephant with a water lily leaf

คำนำ

สำนวน คำพังเพย สุภาษิต คือ สมบัติของชาติ

ทองต่อ กล้วยไม้ ณ อยุธยา

ภาษานอกจากจะเป็นเครื่องมือในการโต้ตอบสื่อสารระหว่างบุคคลในสังคมแล้ว ภาษายังมีความสำคัญในการเป็นเครื่องบันทึกและถ่ายทอดวัฒนธรรม คือ สภาพความเป็นอยู่ของแต่ละสังคมไว้เป็นหลักฐาน ดังนั้น ภาษาจึงเป็นส่วนหนึ่งของวัฒนธรรม ประวัติศาสตร์ เช่น สุภาษิตที่บางทีก็รู้จักกันอย่างสากล เช่น ไก่งามเพราะขน คนงามเพราะแต่ง ในขณะที่สุภาษิตไทยที่ว่า หนีเสือปะจระเข้ นั้น แสดงให้เห็นยุคสมัยและวิถีชีวิตไทยในชนบทที่มีสัตว์ป่าชุกชุมในสมัยก่อน ทำให้เราทราบถึงสภาพของวัฒนธรรมในสังคมทุกยุคทุกสมัยและทุกแง่ทุกมุมด้วย เพราะการใช้ภาษาย่อมขึ้นกับวัฒนธรรมของแต่ละสังคมที่แตกต่างกันออกไป คนไทยจึงควรที่จะภูมิใจในความเป็นไทยที่เรามีภาษาไทย อันมีเอกลักษณ์งดงามและมีความไพเราะลึกซึ้งกินใจ ภาษาไทยจึงเป็นสมบัติอันล้ำค่าของชาติไทยที่พวกเราทุกคนควรร่วมใจกันอนุรักษ์และส่งเสริมให้ภาษาไทยเจริญมั่นคงคู่กับชาติไทย

ความงดงามประการหนึ่งของภาษาไทย คือ เรามีสำนวน คำพังเพย สุภาษิต ที่จะช่วยทำให้ภาษามีความหลากหลาย สร้างสีสันให้ภาษาไทยมีความคมคาย มีแง่คิดให้สละสลวยยิ่งขึ้น เป็นถ้อยคำหรือข้อความที่กล่าวสืบต่อกันมาแต่โบราณ มีความหมายไม่ตรงตามตัวหรือมีความหมายอื่นแฝงอยู่ เช่น สีซอ

Introduction

Sayings, aphorisms and proverbs form an important part of the national heritage of countries throughout the world

Thongtor Kloymai na Ayutthaya

Language, apart from being a tool for discussion and communication between members of a particular society, is important as a means of disseminating cultural ideas and concepts, as well as reflecting a particular way of life in different societies at different periods. While a few proverbs are universal such as "Fine feathers make fine birds", others are culturally specific. Thus the well-known English proverb "Out of the frying pan into the fire", may be compared to the Thai proverb "Escape a tiger and meet a crocodile", the latter reflecting a period when Thais lived a rural existence in a land of forests with tigers and rivers with crocodiles.

There are many hundreds of diverse sayings, aphorisms and proverbs, which make Thai speech and writing so rich and colourful. Many of these sayings have been used for decades or even centuries. While some are clear and obvious, the meaning of others, such as "Playing the violin to water buffalos" may not be immediately apparent. Some are in the form of precepts, such as "A cartwheel rim and its spokes belong together", while others are used as comparisons such as "It's just a shadow puppet play", or "The ship sinks when it anchors". In some instances proverbs and sayings can encourage reflection into the nature of reality, as well as serving as an encouragement to

ให้ความฟังหรือมีความหมายเป็นคติ เช่น กงเกวียนกำเกวียน มีความหมายเป็นเชิงเปรียบเทียบ เช่น หนังหน้าไฟ เรือล่มเมื่อจอด เป็นข้อความสั้น ๆ แต่กินความลึกซึ้งและเป็นคำสั่งสอนหรือวางหลักความจริง เช่น กำขี้ดีกว่ากำตด ชิงสุกก่อนห่าม เป็นต้น

การรู้สุภาษิตมาก ๆ จึงเป็นประโยชน์ ทำให้เกิดความคิดลึกซึ้ง ทำให้รู้จักประพฤติตัวดีขึ้นและทำให้ทราบนิสัยใจคอและจารีตประเพณีของสังคมต่าง ๆ การศึกษาสำนวน คำพังเพย สุภาษิตของไทย จึงทำให้เราทราบถึงประวัติศาสตร์หรือความเป็นมาของชาติ วัฒนธรรม ประเพณี ศาสนา การกินอยู่ ความรู้สึกนึกคิด เช่น ความจงรักภักดี ความอ่อนโยน ความประนีประนอม ความเคารพผู้ใหญ่ ความประสานประโยชน์ การให้อภัย การอยู่ร่วมกันอย่างมีไมตรี เป็นต้น จึงเป็นเรื่องชวนสนุกให้ค้น ให้คิด ให้ตีความ ครูจึงควรส่งเสริมให้เด็กสมัยใหม่ศึกษาสุภาษิตไทยให้มากขึ้น

หวังเป็นอย่างยิ่งว่า หนังสือเล่มนี้ที่มีสุภาษิต สำนวน คำพังเพย ๕๐ สำนวน จะทำให้เยาวชนรุ่นใหม่ตระหนักถึงวัฒนธรรมไทยและชี้ชวนให้ชาวต่างชาติได้เห็นว่า คนไทยมีความภูมิใจในภาษาไทย ซึ่งเมื่อนำเสนอร่วมกับงานศิลปะร่วมสมัย ย่อมเป็นเรื่องที่ยิ่งน่าสนใจมากขึ้น

lead a moral life. On the other hand, some sayings appear rude and shocking such as "Better a lump of shit than a fart", which is direct and graphic when compared with an English proverb embodying the same idea, namely "A bird in the hand is worth two in the bush". Other short and pithy sayings manage to convey great depth of meaning in a few words such as that by Sunthorn Phu: "Plucking before it's ripe".

It is hoped that this collection of 50 proverbs and sayings will give the younger generation of Thais an insight into their own culture, as well as encouraging non-Thais to think about how the Thai people perceive the world around them and encapsulate it in their language. The combination of the proverbs and their annotation by Jane Vejjajiva with the work of some of Thailand's most important contemporary artists is particularly striking.

Thai people should be proud of their heritage and their language, which has many important qualities, including a unique script. We should all help to conserve and encourage knowledge and use of Thai. In particular, we should study our proverbs and sayings, which are a marvellous window into many facets of Thai life.

ไปลามาไหว้

'WAI' WHEN GREETING AND LEAVING

pai la ma wai

ประสานมือพนมก้มศีรษะไหว้ ถึงจะไม่ใช่ธรรมเนียมผูกขาดเฉพาะชาวไทย แต่เห็นแล้วก็หมายรู้ว่าเป็นการทักทายนบนอบ บอกความมีสัมมาคารวะ ยามพบหน้ายามจากกันก็ไม่ลืมที่จะยกมือไหว้อย่างมีวัฒนธรรม ผู้เจริญย่อมแสดงออกด้วยกิริยาอันสม่ำเสมอเป็นระเบียบติดอยู่ในนิสัย สวัสดิมงคลชัยจึงจะเกิดขึ้นเริ่มต้นที่สองมือยกพนม

Putting one's palms together and bowing one's head slightly in a '*wai*' is not a custom unique to Thailand. However everyone who sees it recognizes it as a respectful greeting. Nor does anyone neglect to '*wai*' before leaving. Those who are well brought up perform the gesture automatically as it has been ingrained in their behaviour. Thus arises *sawasdee monkol chai* – from the simple gesture of two hands in prayer.

พ่อกับแม่พาลำน้ำมาฝากป้าให้เรียนหนังสือที่กรุงเทพฯ แม่พร่ำสอนให้ลำน้ำรู้จักทำตัวให้ป้าเมตตา ไม่ดูดาย คอยช่วยงานทั้งในร้านและที่บ้าน

ลำน้ำอยากเรียนหนังสืออยากตามฝันให้พ่อ แต่ไม่อยากจากบ้าน จากแม่ จากพ่อ จากน้อง ลำน้ำยกมือไหว้ป้าเมื่อพบกันครั้งแรกในร้านที่เสาชิงช้า

ลำน้ำยกมือไหว้ลาพ่อแม่ที่กลับไปบ่ายวันนั้นเลย

ลำน้ำพนมมือก้มหน้า ซ่อนน้ำตาไว้

Father and mother had brought Lum Nam to stay with her mother's older sister so she could go to school in Bangkok. Her mother taught Lum Nam how to behave so her aunt would love her and not find her uncouth. She reminded her to help with the shop and the housework. Lum Nam wanted to study and fulfill her father's dreams for her but she didn't want to leave home, her mum, her dad and her brother.

Lum Nam pressed her palms into a *wai* when they first met at the shop by the Giant Swing.

Lum Nam said goodbye with a *wai* to her father and mother who were going home that very afternoon. Putting her palms together, she bowed her head to hide her tears.

ผักชีโรยหน้า

GARNISHED WITH CORIANDER

pak chee roi naa

ยามแม่ครัวปรุงอาหารสุดฝีมือ ย่อมใส่ใจในทุกรายละเอียด เลือกสรรแต่ของดีเป็นเลิศ ชั่งตวงวัดเครื่องปรุงและทำตามขั้นตอนด้วยความชำนาญ รสชาติจะยิ่งถูกปาก หากนำเสนออย่างสวยงาม จัดใส่ถ้วยชาม แนมผักสลักเสลาและที่ขาดไม่ได้คือ ผักชีใบหยักช่อน้อย ๆ ที่วางลงเป็นขั้นตอนสุดท้าย

คงน่าเสียดาย หากคนรับประทานจะมองเห็นเพียงผักชีสีเขียวและไม่มองลึกลงไปถึงแรงกายแรงใจที่ทุ่มเทให้กับการปรุงอาหารจานนี้

คงน่าเสียดายหากอาหารสักจานใช้ผักชีโรยไว้เป็นสิ่งลวงตา ให้เข้าใจผิดไปว่า ปรุงมาอย่างตั้งใจ โรยไว้ให้ดูดีแต่เปลือกนอก มีดีแค่ผักชีโรยหน้า

A cook trying her hardest pays attention to every detail – she chooses the finest produce, weighs all the ingredients and follows each step with a skill born of practice. The flavours taste even better if the food is served in an elegant dish decorated with intricately carved vegetables and, as a final touch, some delicate sprigs of lacelike coriander.

It is sad if the recipient of the dish notices only the green leaves and does not appreciate the time and effort behind its preparation, but sadder still if the coriander is just a device to mask that in reality little care has been expended.

Doing something to look good superficially is the same as sprinkling coriander on top of a poorly prepared dish.

โรงเรียนยังไม่เปิดปีการศึกษาใหม่ ลำน้ำช่วยงานป้าทุกอย่างตามที่แม่สอน ทั้งในร้านขายเครื่องสังฆภัณฑ์และในครัว สลับกับไปซ้อมกีฬากับครูฝึก เพื่อนของพ่อ ป้าทำอาหารปิ่นโตให้ลุงไปส่งตามบ้าน ลำน้ำช่วยตำน้ำพริก หั่นผัก เด็ดถั่วงอก รสมือของป้าดี คนติดใจ แต่ไม่ประดิดประดอย ลำน้ำจำได้ว่า แม่จะตั้งใจจัดอาหารใส่จานและวางผักชีประดับลงไป อย่างเช่น ไข่เจียวสีเหลืองก็มีผักชีสีเขียวโรยหน้า ลำน้ำถามป้าว่า ไม่โรยผักชีในอาหารปิ่นโตบ้างหรือ ป้าบอกว่า โรยทำไมให้เปลือง

The new school year had not yet begun, so Lum Nam helped her aunt with everything just as her mother had told her. In the shop she sold offerings for the monks, at home she helped in the kitchen. In between she trained with the coach who was a friend of her father. Every day her aunt prepared boxes of ready-made food for delivery to various homes. Lum Nam helped pound the chilli paste, slice the vegetables and trim the bean shoots. Her aunt was a good cook and people came back for more, but her dishes looked rather plain. Lum Nam remembered how her mother's dishes were always nicely decorated with coriander sprigs on top, the yellow of the omlette heightened by the green leaves of the herb. She asked her aunt why she didn't sprinkle a few leaves on the dishes, but her aunt retorted why waste coriander for no reason.

คนรักเท่าผืนหนัง คนชังเท่าผืนเสื่อ

THOSE WHO LOVE YOU CAN FIT ON A LEATHER HIDE,
THOSE WHO HATE YOU CAN FIT ON A RUSH MAT

khon rak tao puen nang
khon chang tao puen seua

ผืนหนังเล็กกว่าผืนเสื่อ แต่สูงค่ากว่า ถึงจะมีคนรักน้อยกว่าคนชัง แต่ความรักก็ย่อมมากค่ากว่าความเกลียดชัง เป็นธรรมดาโลกที่จะเป็นที่รักของคนมากมายไม่ได้ สุภาษิตจึงเตือนใจให้นึกถึงความเป็นจริงบนโลกใบนี้

ในตำนานเมืองเงินยางเชียงแสน มีบทกลอนว่า 'คนรักใหญ่เท่ารอยตีนเสือ คนชังคนเบื่อกว้างเท่าเสื่อลำแพน' นึกเทียบขนาดรอยเท้าเสือกับเสื่อลำแพน อะไรใหญ่ อะไรเล็ก คนรักมีน้อยกว่าคนชัง อนิจจา อย่าได้เสียใจเพราะนี่เป็นธรรมดาโลก

A leather hide is smaller than a rush mat but of greater value. Thus even if less people love you than hate you they have greater weight. It's a fact of life that not that many people will love one and so the proverb reminds one to face reality.

In the *Muang Ngoen Yaang Chiang Saen* chronicle one of the verses says "Those who love us are as great as a tiger's paw, those who hate us are as wide as a *lum paen* mat". Imagine a tiger's paw mark and a *lum paen* mat. Which is the greater? So more people hate you than love you? Never mind, that is the way of the world.

ลุงป้าพร่ำบ่นว่า กิจการไม่ดีอย่างเคย คนไม่ทำบุญมากเหมือนก่อน ไม่ซื้อไม่หาเครื่องสังฆทานเครื่องไทยธรรม โต๊ะหมู่บูชา ของสักการะ "อย่างมากก็ปิดร้าน ขนของไปถวายวัดให้หมด ฉันก็จะไปบวชเป็นชี แกก็ไปเป็นมรรคนายกก็แล้วกัน เลือกเอาสักวัด" ป้าร่ายยาวหลังจากตบยุงในร้านมาตลอดบ่าย "เอาน่า ได้น้อยก็ใช้น้อย อย่าบ่นเลย เราไม่ได้ขายของสำหรับมหาชนคนจำนวนมาก มีคนรักบ้างชังบ้าง ก็อย่าคิดมาก ผืนหนังผืนเสื่อปนกันไปนั่นแหละ" ลุงตอบกลับมา

ลุงทำให้ลำน้ำนึกถึงเสื่อปูใต้ต้นมะม่วงหลังบ้านที่ลำน้ำจากมา

Uncle and Aunt were lamenting that business had dropped off. People weren't making merit so much and were not buying offerings, altar paraphernalia and nests of tables for shrines. "In the worse case we'll shut up shop and donate everything to the temple. I'll become a nun and you can be the monk's assistant at some temple or another", Aunt grumbled after doing nothing all afternoon. "Never mind, if we get less we'll spend less, don't complain. We're not after the mass market. A few people will love us, a few people dislike us. Don't get stressed about. It's like a leather hide and a rush mat all mixed in together." Uncle answered.

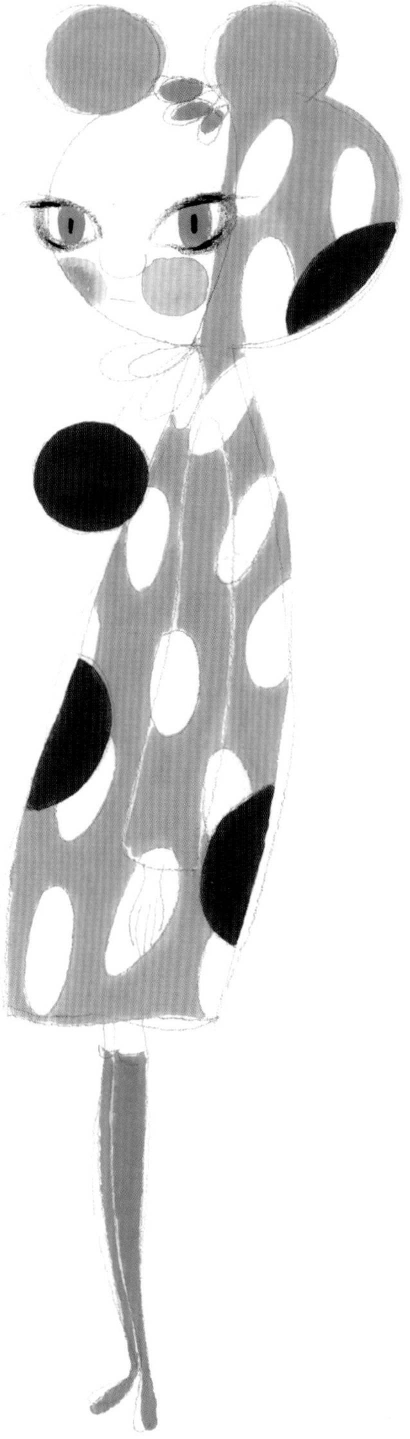

ฟรี เพื่อประชาชน
ปวดทาย
3-402

แน่นเหมือนปลากระป๋อง

LIKE SARDINES IN A TIN

naen meun plah krapong

ปลาในกระป๋องเบียดกันแน่นทุกอณู คุ้มค่าผู้ซื้อ ไม่ลำบากปลา เพราะสิ้นชีวิตพร้อมเป็นอาหารแล้ว

ผู้โดยสารในรถเมล์เบียดเสียด ไม่สนุกและไม่สะดวก คนมีอารมณ์ขัน เปรียบรถเมล์เป็นกระป๋อง ผู้โดยสารเป็นปลา ปลาแน่นในกระป๋อง ผู้โดยสารแน่นในรถเมล์ เบียดเสียดจนกระดุกกระดิกไม่ได้ ต้องกลายเป็นปลากระป๋อง

ถ้ามีทางเลือก ใครจะอยากเป็นปลากระป๋องในรถเมล์

Canned fish are crammed into every tiny space to give full value to the buyer. The fish aren't bothered because they are dead and have been turned into food.

Passengers squeezed together on the bus are a different matter – no fun no comfort. Some people trying to be funny have compared them to sardines in a tin – compressed so tight they cannot move an inch.

Given a choice who on earth would like to be a canned fish in a bus?

วันแรกไปฝึกที่ศูนย์กีฬา ลุงพาลำน้ำนั่งรถเมล์ไปห้าป้าย ลำน้ำยืนมองรถเมล์ที่วิ่งมา แต่ไม่จอดที่ป้าย ใครอยากขึ้นก็ต้องวิ่งลงไปบนถนนเพื่อก้าวขึ้นรถให้ทัน ก่อนคนขับจะกระชากรถออกไปทิ้งควันดำไว้ให้ดูต่างหน้า

ลำน้ำไม่รู้ว่า ต้องขึ้นรถเมล์สายไหน ได้แต่ภาวนาให้คันที่ต้องนั่งไปมีที่ว่างให้ขึ้นได้ ไม่แน่นจนไม่เหลือที่ว่างเหมือนคันที่เพิ่งผ่านไป ลุงหันมาบอกเมื่อรถเมล์เฉียดมาใกล้ว่า “คันนี้แหละ” ก่อนจะวิ่งนำหน้าลำน้ำไปขึ้นรถเมล์ที่เบียดแน่น จนมีคนห้อยอยู่ที่ประตู กระเป๋ารถเมล์ร้องว่า “เดินในหน่อยครับ เดินในหน่อยครับ” มีเสียงผู้ชายร้องตอบมาว่า “เดินในกว่านี้ ก็ท้องกันพอดี”

The first day she went to training at the sports centre, Lum Nam took the bus five stops. She watched the buses, which rushed by without stopping. Anyone wanting to get on, had to run into the road and jump on before the driver rushed off again, leaving a trail of black smoke behind him.

Lum Nam had no idea which bus to take; all she could do was pray that the one she needed would have enough space, and would not be so jammed packed as the last one. Her uncle shouted as the bus lurched towards them: “This is the one” before running to a bus that was so full that people were hanging out of the door. The conductor called for them to move down inside. A man's voice replied: “If I go any further, someone might get pregnant”.

กำขี้ดีกว่ากำตด

BETTER A LUMP OF SHIT THAN A FART

kum khi dee kwa kum tod

มีอะไรในมือ ก็ดีกว่ามือเปล่า เปรียบเทียบให้เห็นทั้งภาพทั้งกลิ่นว่า มีของเหม็นอยู่ในมือ ก็ดีกว่ามีแต่ลมที่เหม็นพอกันหรือเหม็นกว่า ถ้าเลือกได้ ก็คงอยากมีอะไรในมือที่สะอาดและมีค่ามากกว่านั้น

การจะได้อะไรมาย่อมต้องลงแรง ไม่มีอะไรได้มาเปล่าๆ ความขยันหมั่นเพียร ขวนขวายไม่ย่อท้อและตั้งใจจริง ล้วนเป็นส่วนผสมในสูตรแห่งความสำเร็จ ต่อเมื่อมุ่งมั่นและทำเต็มที่แล้ว หากแต่สิ่งที่ได้มาน้อยนิดจนชวนให้ท้อใจ จงปลอบใจว่า สิ่งน้อยนิดนั้นหนา ก็ยังดีกว่าไม่ได้อะไรเลย แล้วก็อย่าเสียกำลังใจ ลงมือเริ่มต้นใหม่ให้สัมฤทธิผล

Something in one's hand is better than nothing. The proverb uses smell and imagery to suggest that even something smelly in one's hand is better than just air which may well be just as smelly or even worse!

Whatever you do needs effort. Nothing comes from doing nothing. Diligence, perseverance and application are all ingredients in success. When you try your best and only get a small reward, don't be downhearted but take comfort in the fact that something is better than nothing.

ลุงกับป้านั่งกอดเข่ามาหลายวันแล้ว ในบ้านมีแต่เสียงทอดถอนใจ เมื่อวานลุงกับป้าขึ้นเสียงเถียงกันหน้าดำหน้าแดง วันนี้ ดูจะนิ่งลง สุดท้าย ป้าก็พูดขึ้นว่า "เราไม่มีทางเลือกนี่นะ คงต้องยอมได้อะไรมาบ้างก็ดีกว่าไม่ได้อะไร" ลุงสวนกลับมาว่า "ใช่ ได้ขี้ก็ดีกว่าได้ตดละนะ"

เกิดความเงียบตามมา แล้วเสียงหัวเราะอย่างพยายามกลั้นไว้ก็ดังขึ้น ลำน้ำนั่นเอง ลุงกับป้าหันมามองลำน้ำ แล้วอาการหัวเราะก็แพร่สู่กัน ป้าหัวเราะก่อนและหยุดไม่ได้ ลุงตบพื้นผางๆ เข้าจังหวะกับเสียงหัวเราะ ฮ่า ฮ่า ลำน้ำนอนกลิ้งกับพื้นพลอยหัวเราะผสมโรงที่ตัวเองเป็นคนเริ่มต้นไว้ ทั้งๆ ที่ไม่เข้าใจเลยว่า เรื่องขี้ ๆ ตด ๆ ที่ลุงพูดนั้นหมายถึงอะไร

Uncle and Aunt had been sitting around doing nothing for several days, except sighing loudly. Yesterday they argued until they were red in the face. Today things were calmer. Finally Auntie said "Well, we have no option do we? We'll have to give in. Getting something will be better than nothing". Uncle was silent then mumbled as if to himself: "Well, getting a lump of shit is better than a fart I suppose."

Silence was followed by stifled laughter from Lum Nam. Uncle and Aunt swivelled round. The laughter was infectious. Aunt started first and couldn't stop. She laughed louder and louder till tears streamed down her face and she wiped them away with the edge of her blouse. Uncle thumped the floor in time with his guffaws. Lum Nam rolled on the floor, joining in the merriment she had initiated, even though she didn't understand what Uncle meant with his talk of shit and farts.

เข็นครกขึ้นภูเขา

ROLLING A MORTAR UP HILL

kenn krog keun phu khao

ออกแรงจนเหนื่อยเพื่อให้งานลุล่วง ยากลำบากราวกับเข็นครกขึ้นภูเขา เดินขึ้นเขาก็เหนื่อยแล้ว ยิ่งถ้าต้องขนของหนักอีกด้วย จะต้องเสียเหงื่อสักแค่ไหนในเมื่อไม่มีเครื่องทุ่นแรง

ความมานะพยายามเป็นคุณสมบัติที่นำสู่ความเจริญ แยกย่อยองค์ประกอบเป็นความอดทน ไม่ย่อท้อ ไม่ใช่เรื่องง่ายเลย ถ้าจุดหมายเหมือนอยู่ไกลเกินเอื้อม เคล็ดลับอยู่ที่ตั้งใจทำทีละน้อย ทำสิ่งที่อยู่ตรงหน้าให้สำเร็จก่อน เสร็จแล้วก็ทำสิ่งต่อไปเหมือนก้าวขาทีละก้าว ขึ้นเขากลิ้งครกไปข้างหน้าทีละน้อย หนึ่งก้าว สองก้าว สามก้าว... แหงนหน้าอีกที ยอดเขาอยู่ตรงหน้าแล้ว ไม่เชื่อก็ต้องเชื่อ

Working hard and exhausting oneself in order to finish something is sometimes as difficult as rolling a mortar up a hill. Walking up hill is already bad enough but with a heavy burden as well, how much worse it can be.

Success does not come easily. Endurance is an essential ingredient, which can seem too difficult if one's objective is still far away. The secret lies in doing a little at a time. Do what's in front of you first and then move on to the next thing, one step at a time. Roll the mortar in front of you slowly – one step, two steps, three steps. Believe it or not, when you next look up the summit will be in front of you.

ลุงพาลำน้ำไปเดินเล่นบนภูเขาทอง "เป็นไง ภูเขากรุงเทพฯ สูงไหม" ลุงถาม ลำน้ำส่ายหน้า นึกในใจว่า ภูเขาแถวบ้านสูงกว่านี้ตั้งเยอะ ลุงพูดดักคอเหมือนรู้ว่า ลำน้ำคิดอะไรอยู่ "อย่าไปเปรียบกับแถวบ้านที่เพชรบูรณ์ นี่ นี่ สูงแค่นี้ ถ้าเข็นครกขึ้นมาให้ถึงยอดก็หืดขึ้นคอเหมือนกันละน่า"

ลำน้ำนึกไม่ออกว่า ใครที่ไหนจะเข็นครกขึ้นภูเขาทองทำไม เสียงลุงพูดต่อว่า "ที่ป้าสั่งให้ลุงทำนะ น้อง ๆ เข็นครกขึ้นภูเขาที่เพชรบูรณ์เลยละ"

Uncle took Lum Nam for a walk on the Golden Mount. "Do you think our Bangkok hill is high?" he asked. Lum Nam shook her head – the hills around home were much higher. As if reading her thoughts, Uncle said: "Don't compare this with those around Petchaboon. Even something this high would make you gasp for breath if you tried to roll a mortar up."

Lum Nam couldn't imagine who would be so crazy as to roll a mortar up the Golden Mount. Uncle then continued: "What your aunt has asked me to do would be like your brothers and sisters rolling a mortar up a hill in Petchaboon."

เส้นผมบังภูเขา

A STRAND OF HAIR CAN HIDE A MOUNTAIN

sen pom bang phu khao

ของเล็กบังของใหญ่กว่าไม่มิด เหมือนที่เหรียญสลึงย่อมบังเหรียญบาทไม่ได้ แต่เมื่อไหร่ที่เส้นผมเส้นเดียวบังภูเขาได้ทั้งลูกได้ ก็แสดงว่า มีอะไรบังตา มีอะไรมาบดบังปัญญา ทำให้สิ่งที่ควรเห็นได้ชัดเจนกลับมองไม่เห็น

เมื่อมองเห็นได้แล้ว ก็อยากตบเข่าฉาด ไหมละ มองข้ามไปได้อย่างไรกันเล่า ปัญญาเท่านั้นที่จะส่องทางทำให้ทุกอย่างกระจ่างชัด ไร้ปริศนาที่ขบไม่แตก

In theory a smaller object cannot hide a larger one. A one baht coin cannot obscure a five baht one. If and when a hair can hide a mountain it means that one's vision is clouded so that something that should be perfectly clear is not. As soon as one sees things as they are it just makes one want to slap oneself. How could one miss something so obvious. Wisdom lights the way, making everything clear and even the hardest puzzle solvable.

เมื่อตอนมาอยู่กับลุงป้าใหม่ ๆ ลำน้ำไม่อยากอยู่ในร้านคนเดียว พระพุทธรูปขนาดต่าง ๆ ตั้งเรียงรายแล้วยังมีรูปเคารพอื่น ๆ เช่น นางกวัก สามเซียน ดูเป็นสิ่งศักดิ์สิทธิ์ที่ไม่น่ามาหุ้มอยู่ในพลาสติกหรือใส่ตู้โชว์ ลำน้ำไม่ได้คิดอะไรซับซ้อน คิดง่าย ๆ แค่สามคำกลัวผีหลอก

ลุงเป็นคนทำให้ลำน้ำหายกลัว เมื่อวันที่สั่งให้ลำน้ำช่วยทำความสะอาดและจัดของในร้าน ลุงเช็ดของแต่ละชิ้น พลางอธิบายให้ลำน้ำฟังถึงชื่อเรียก ความเชื่อวิธีบูชาและมักปนเกร็ดขำ ๆ "นี่นางกวัก ตั้งในร้านขายของ เรียกให้เงินไหลมาเทมา กวักไปกวักมา เงินไหลออก แทนที่จะไหลเข้าก็มีนะ" จู่ ๆ ลุงนิ่งไป "จะยากตรงไหน ไม่อยากย้ายก็ไม่ยอมย้ายเสียอย่าง ใครจะทำไม เส้นผมบังภูเขาแท้ ๆ"

Uncle and Aunt were staring at the goods in the shop with a rather inscrutable expression. When she first arrived Lum Nam did not like being in the shop alone. The Buddha statues and other revered images such as Nang Kwak and the Three Sages seemed too sacred to be wrapped in plastic or stored in a display case. A few words came into her mind: "I'm scared of ghosts".

Uncle dispelled her fear by asking her to help clean and arrange things. He wiped each piece, told her all about it and various amusing details. "Look at Nang Kwak, the beckoning lady. In a shop she's meant to call the money in, moving her arm to and fro. But money flows out as well as in!". Suddenly he fell silent. "Where's the problem? If we don't want to move, what then? What are they going to do? That strand of hair has really been hiding the mountain." Uncle was always talking in puzzles which Lum Nam did not understand.

เล็กพริกขี้หนู

SMALL LIKE A CHILLI PEPPER

lek prik khi nu

เผ็ดสุดขีดต้องหูอื้อ ตาลาย น้ำมูกน้ำลายไหล ระคนกันที่สุดของความเผ็ด คือ พริกขี้หนูสวนเม็ดจ้อย

รสชาติอาหารไทยร้อนแรงที่ขึ้นชื่อระบือไกลไปทุกทิศ เห็นจะเป็นต้มยำกุ้ง มันกุ้งลอยปนกับพริกสีแดง ซดช้อนเดียวได้ครบรส เปรี้ยว เค็ม เผ็ด อยากให้เผ็ดถึงใจ ต้องตักพริกขี้หนูเม็ดน้อยๆ ขึ้นมาเคี้ยวดู เห็นหน้าตาน่าเอ็นดู สีสวย แต่ฤทธิ์แรง จนหุบปากไม่ลง ต้องเรียกหาน้ำมาช่วย อย่าประมาทความเล็ก เพราะอาจจะเล็ก แต่มีพิษสง เฉกเช่นพริกขี้หนูก็เป็นได้

Truly spicy dishes can make one's ears zing, eyes blur, nose stream and mouth water. The spiciest of all is the bird's eye chilli. Thai food tastes strong and hot. A dish renowned throughout the world is *tom yum koong*. The oiliness of the prawn mixes with the red chilli and floats on the surface. One spoonful delivers a mouthful of flavours – sour, salty and spicy. However if you want it really hot you can take a bite of bird's eye chilli. It looks pretty but is so hot that afterwards you can't close your mouth and gasp for water.

So don't be misled by something small – it can still pack a mighty punch like the bird's eye chilli.

โรงเรียนใหม่ไม่ทำให้ลำน้ำได้เพื่อนใหม่ ตั้งแต่ยืนเข้าแถวร้องเพลงชาติในเช้าวันแรก ลำน้ำก็รู้แล้วว่าตัวเองไม่เหมือนนักเรียนคนอื่น ๆ ผิวคล้ำ ตาโต เสียงเหน่อ ตัวเล็กท้ายแถว แล้วเรื่องที่เพื่อน ๆ คุยกันก็ไม่ใช่เรื่องที่ลำน้ำตามทันหรือร่วมวงได้ มีเด็กผู้หญิงคนหนึ่งที่ลำน้ำจำได้ว่า บ้านอยู่ไม่ไกลจากร้านของลุงกับป้า ลำน้ำยิ้มให้ แต่ไม่ได้รอยยิ้มตอบกลับมา ยิ้มเก้อนี่ซื้อคืนไม่ได้จริง ๆ

ครูพละเรียกให้ลงซ้อมแชร์บอล ลำน้ำกระโดดชู้ตลูกบอลทีเดียวลงตะกร้า เรียกเสียงฮือฮารอบสนาม ครูตบหลังและบอกว่า "เล็กพริกขี้หนูนี่เรา สมเป็นนักกีฬายิมนาสติกเหรียญทองนะ" ลำน้ำอยากจะยิ้มรับคำชมอยู่หรอก แต่เห็นอาการป้องปากซุบซิบที่มีเด็กผู้หญิงคนนั้นเป็นหัวโจก

Her new school had not brought Lum Nam new friends. From the moment she stood in line to sing the national anthem, she knew that she wasn't like the other children – darker skinned, rounder eyes, a strange accent and so small she was last in line. Moreover she couldn't follow or join in their chatter. There was one girl whom Lum Nam recognised as living not far from the shop. She smiled at her but got no smile in response. A smile once made cannot be taken back but she wished she could.

The PE teacher called them to play chair ball. With one jump Lum Nam shot the ball into the basket raising a cheer around the field. The teacher slapped her on the back "You're small as a chilli pepper with the physique suitable for winning gymnastic gold". She wanted to smile back but saw the others whispering behind their hands, led by the girl who'd ignored her smile, and she heard the words: "Why don't you just go back to your land in the country and plant chillis?"

ถึงพริกถึงขิง

GETTING TO THE CHILLI AND THE GINGER

tung prik tung khing

พริกเผ็ด ขิงร้อน เมื่อผสมรวมกันย่อมทั้งเผ็ดทั้งร้อน เป็นน้ำพริกเครื่องแกงรสแรง

การต่อสู้ที่ต่างฝ่ายมีฝีมือและสู้สุดแรง จะดุเดือดเลือดพล่าน ไม่ต่างจากใส่ทั้งพริกทั้งขิงจนถึงเครื่อง ผลการต่อสู้สุดหยั่งรู้ได้ แต่ที่แน่ ๆ ก็คือ ถึงอกถึงใจผู้ชมและกองเชียร์

Chillis are spicy and ginger is hot. They create a potent mix whether in a chilli paste or a curry sauce.

A fight in which both parties are equally skilled and really set to, can lead to bloodshed, somewhat like adding a lot of chilli and ginger. What's for sure is it certainly makes for an exciting spectacle for the crowd.

เสียงยั่วเย้าตามลำน้ำไปทั่วโรงเรียนและต่อเนื่องมาจนถึงละแวกบ้าน เด็กผู้หญิงคนนั้นคงกลับมาเล่าเรื่องที่โรงเรียนให้เด็กอื่นฟัง หลายคนจึงมารอดูยายพริกขี้หนู ลำน้ำเดินกลับบ้าน ก็เจอเด็กชายหญิงกลุ่มหนึ่งยืนขวางทาง ลำน้ำจ้องตาทุกคน เป็นสายตาที่ส่งคำถามออกไปว่า มีปัญหาอะไรให้บอกมา ไม่มีใครหลบตา แต่ยืนนิ่ง ไม่หลีกทางให้เดินผ่าน ลำน้ำหยิบกระเป๋านักเรียนขึ้นมา หนังสือเรียนใหม่อัดแน่นอยู่ข้างใน เมื่อไม่หลบก็ต้องลุย พ่อสอนลำน้ำไว้

ลำน้ำผ่านศึกวันนั้นมาได้อย่างถึงพริกถึงขิง สองมือเหวี่ยงกระเป๋าไปมา สองขาเตะถีบ เกิดเสียงร้อง เสียงซู้ดปากและเสียงโอดโอยดังลั่นได้แผลถลอกและรอยฟกช้ำดำเขียวกันถ้วนหน้า ลุงกับป้าถามว่าไปโดนอะไรมา ลำน้ำไม่ตอบ

วันรุ่งขึ้น เด็กผู้หญิงคนนั้นยิ้มให้ที่โรงเรียนและเดินมาบอกว่า “ฉันชื่อ มาลัยวัลย์ เราเป็นเพื่อนกันนะ”

The noise of mocking remarks and laughter followed Lum Nam all around the school and almost to her home. That girl must have come home and told her friends about events at school. So quite a few were waiting to see Little Miss Chilli Pepper. On her way home Lum Nam met a group of boys and girls barring her way. She stared at them, her eyes asking the question: Do you have a problem? No one looked away, nor did they step aside to let her by. Lum Nam gripped her school bag tightly. It was stuffed full of all her new school books. If they weren't going to budge she would have to fight. Just like her father had taught her.

That day's battle really tested Lum Nam to the utmost. Her two hands swung her bag around, while she kicked out with one foot then another. Cries and shouts echoed all around. Afterwards all were equally scratched and bruised. Aunt and Uncle asked her what had happened but she was silent.

The next day at school that same girl smiled at her. She walked over and said: My name is Malaiwan. Let's be friends.

มือถือสาก ปากถือศีล

A PESTLE IN THE HAND
VIRTUOUS WORDS FROM THE MOUTH

meua teua saag paag teua sin

สากกับครกเป็นของคู่กัน ใช้โขกใช้ตำในครัวเป็นอุปกรณ์ใช้งาน ยามถือสากไว้ในมือ ไม่ทำให้ผู้ถือมีสถานะพิเศษ ให้ยกย่องนับถือ มีแต่ทำให้ขัดแย้งและเคลือบแคลงใจ หากผู้ถืออวดอ้างตนว่า เป็นผู้อยู่ในศีลในธรรม ยกตัวว่าเหนือกว่าผู้อื่น เพราะขัดเกลากิเลสและมุ่งสู่การหลุดพ้น แต่กลับประพฤติชั่ว

การพูดอย่างทำอย่าง ถือเป็นการลวงหลอก สร้างความผิดหวังและผิดความคาดหมาย สองมือทำในสิ่งที่ทำร้ายผู้อื่น แต่ปากพร่ำสอนให้ทำดีเช่นนี้ คบไม่ได้และสมควรแก่การรังเกียจเดียดฉันท์ หากทำดีก็จงดีทั้งวาจาและการกระทำ หากจะร้ายก็ไม่ต้องเสแสร้ง อย่าเป็นคนที่มือถือสาก ปากถือศีล

A pestle and mortar go together. As kitchen utensils they have no sacred associations. A person holding a pestle has no special aura. Problems arise when an ordinary person starts showing off pretending to be a person of high moral standing, above others and close to enlightenment.

Saying one thing and doing another is a form of deceit, which can cause disappointment and false expectations. While harming someone on the one hand, a person may at the same time spouting moralistic messages. Such a person should be shunned and disdained. If you want to be good be so in both words and deeds. If you are going to be bad don't pretend otherwise. So don't have a pestle in your hand but preach fine acts.

ชาวบ้านในละแวกหน้าหมองคล้ำกันถ้วนหน้าเมื่อปรากฏชัดเจนแล้วว่า เจ้าของตึกที่ชาวชุมชนเช่ากันอยู่ขายที่ดินพื้นนี้ไปแล้ว เพื่อสร้างตึกคอนโดมิเนียมพักอาศัยสูงเยี่ยมเทียมฟ้า สมโชคเป็นทนายจบใหม่ลูกชายลุงฉ่ำร้านซ่อมประปา ได้รับแต่งตั้งให้ไปเจรจากับเจ้าของที่ ขอผ่อนผันวันย้ายออกและขอค่าขนย้าย โดยอ้างตามสัญญาเช่าที่เก่าเหลืองกรอบ สมโชคกลับมามือเปล่า ได้แต่คำขู่ว่า ถ้าไม่ทำตามจะเดือดร้อนหนัก

"โธ่เอ๊ย คุณนายสายบัว ไหนว่าธรรมะธรรมโม มือถือสากชัด ๆ นี่นา" ลุงร้องลั่น ลำน้ำไม่เคยเห็นคุณนายแต่นึกสงสัยว่า คนมีเงินทำไมต้องตำน้ำพริกเองด้วย

All the locals were depressed as it was clear that the owner of their rented land had it to build a condo of skyscraper-like proportions.

Somchok, a newly-qualified lawyer and son of Uncle Chum, who had the plumber's shop, was appointed to negotiate with the land owner to delay the moving date and to ask for the moving costs. He cited the rental agreement, which was so yellowed and crisp with age that it practically turned to dust in his hands. But he came back empty handed and with the warning that if they did not give in they would be in deep trouble.

"Oh Madame Sai Bua, you pretend to be so holy but, I can see the pestle in your hand" Uncle roared. Lum Nam couldn't help wondering why such a rich woman had to pound her own chilli paste.

ไก่งามเพราะขน
คนงามเพราะแต่ง

FINE FEATHERS MAKE FINE CHICKENS
FANCY CLOTHES MAKE FINE PEOPLE

ธรรมชาติสร้างสรรค์สิ่งสวยงามหนึ่งไม่มีสอง สิ่งใดสวยตามธรรมชาติ ถือเป็นสุดยอดความงาม ไก่ฟ้าพญาลอเยื้องย่างงดงาม รำแพนปีกหางอวดสีสดสวย งามจนได้ชื่อว่า นกแห่งสยามประเทศ แล้วคนเล่า หากต้องการให้สวยงาม ก็ต้องปรุงแต่งนานาวิธี ไม่ว่าจะเสริมสวยให้งามชั่วคราวหรือถาวร แต่ก็ไม่อาจเสมอด้วยผลงานจากธรรมชาติ กระนั้นความงามก็เป็นที่ต้องการและชื่นชมเสมอ

kai ngarm proh kon
khon ngarm proh taeng

Nature creates beautiful and unique things, no two alike. Anything that has a natural beauty can be considered the epitome of its kind. The Phaya Lor pheasant struts proudly displaying his wings and tail to show off his colours. The bird is so fine that it has been called Thailand's national bird. People achieve beauty using all kinds of means, to create transient or permanent effects but cannot be compared with the ways of nature.

By whatever means, beauty is something everyone desires.

วันที่สมโชคพ่ายกลับมา คณะผู้เช่าตกลงว่า จะรวมตัวกันยกขบวนไปเจรจากับคุณนายสายบัวถึงบ้าน เมื่อถึงวันก็นั่งรถกระบะร้านลุงฉ่ำไปกัน แต่พอไปถึงหน้าบ้านที่กำแพงสูงลิ้ว ก็ไม่มีใครออกหน้าลงไปกดกริ่ง ได้แต่จอดรถแอบอยู่ริมทางในซอย ทุกคนนั่งนิ่งเงียบอยู่นานจนเหงื่อไหลไคลย้อย ยังไม่ทันจะตัดสินใจทำอะไร ประตูอลังการก็เปิดออกไร้สุ้มเสียง ก่อนที่รถคันยาวจะแล่นออกมาและผ่านรถกระบะไป

ในชั่วครึ่งนาทีที่รถเก๋งผ่านตา ลำน้ำทันได้เห็นผู้หญิงคนหนึ่งในรถ แม้เพียงแวบเดียว ก็ดูภาคภูมิ มีฐานะและเพียบแปล้ด้วยเครื่องตกแต่ง ภาพคุณนายสายบัวที่ราวกับยักษีใจร้ายในมโนภาพของลำน้ำก่อนหน้านาทีนี้ ถอยร่นไปเปิดทางให้กับภาพนางฟ้าบนวิมาน ลำน้ำยังเด็กเกินกว่าจะรู้ว่า คนงามเพราะแต่งได้

Lum Nam had never seen Madame Sai Bua. As far as she knew she had never come near the house. Only Prachum, her pet lawyer as Uncle termed him, came to collect the rent every month. The day Somchok came back defeated, the tenants agreed to go and confront Madame Sai Bua at her house: "Let's use numbers to defeat her" Uncle proclaimed bravely. On the appointed day they piled into Lung Chum's pickup truck. Once at the house with the towering wall, no one wanted to go and press the bell. Suddenly, the impressive gates swung open noiselessly, and a long car slid out past the pick-up truck.

In the split second when the car passed by, Lum Nam caught a glimpse of the woman inside. Looking haughty and wealthy, she was covered in eye-stopping jewels. The image of Madame Sai Bua as a wicked ogress retreated before this angelic vision in Lum Nam's head. She was too young to know that someone can look beautiful because they can afford fine things but that does not tell the observer anything about their inner character.

ไกลปืนเที่ยง

FAR FROM THE MIDDAY GUN

klai peun thieng

แต่เดิมในรอบรั้วกำแพงกรุงรัตนโกสินทร์ จะใช้การยิงปืนใหญ่บอกเวลา เสียงเปรี้ยงดังขึ้น ก็เป็นอันรู้ว่าเป็นเวลาเที่ยงวัน หากอยู่ไกลออกไปจากรั้วพระนครก็ย่อมไม่ได้ยินการบอกเวลา ด้วยวิธีนี้เท่ากับว่า อยู่ไกลจากเสียงปืนบอกเวลายามเที่ยง อันมีนัยว่า อยู่ไกลห่างจากศูนย์กลางความเจริญ อาจทำให้ไม่รู้ข่าวสารความเป็นไป

ไกลปืนเที่ยง ไกลจากความเจริญ แต่อาจมีดีในเรื่องอื่นก็เป็นได้

In the past, within the walls of Rattanakosin island gun shots were used to proclaim the time. If a shot rang out one knew it was twelve midday. Once far from the walls of the city one could no longer hear this time signal. The implication of being too far to hear the gun was also that one was far from civilization and out of touch with what was going on.

Far from the midday gun, far from civilisation, but maybe with other compensations.

ลำน้ำนั่งรถกระบะของลุงฉ่ำอีกครั้งเมื่อลุงฉ่ำชักชวนลุงกับป้าไปดูห้องแถวที่มีคนบอกขาย "ราคาพอสู้อยู่นะ ไปดูหน่อยก็แล้วกัน เผื่อจะพอเป็นทำเลค้าขายได้" ลุงฉ่ำขับรถออกนอกเมืองแรก ๆ ลำน้ำก็สนุกกับการมองวิวข้างทาง แต่นานเข้า ก็เมื่อยเพราะนั่งเบียดกันและลงเอยหลับไป ลำน้ำตื่นขึ้นเพราะลุงเสียงดัง "คลองแปดเชียวรึวะ ไกลปืนเที่ยงของจริงเลยนะนี่"

Lum Nam went in Uncle Chum's pickup truck again when he asked Aunt and Uncle to go and look at a shop house which was for sale. "The price is ok, come and have a look just in case it could be somewhere we could make a living selling this and that." Uncle Chum drove off out of town. At first Lum Nam enjoyed staring out of the window at the view. Later she got stiff from sitting in the cramped cab and then finally fell asleep. She awoke when she heard Uncle exclaim in a loud voice: "As far as Canal Eight? That's too far from civilization and the midday gun for me."

ฝนตกไม่ทั่วฟ้า

IT DOESN'T RAIN ACROSS THE WHOLE SKY

fon tok mai tua fah

ฟ้ากว้างใหญ่ ฝนย่อมตกได้ไม่ทั่วทั้งผืนฟ้า ตกในป่า ตกในทะเล ตกในเมือง สุดแท้แต่เมฆและลม ที่ใดที่ฝนพร่างพรม ผืนดินปรีดิ์เปรม ใบไม้ร่าเริง กบเขียดร้องระงม ที่ไหน ๆ ก็อยากให้ฝนตก แต่เป็นไปไม่ได้ เพราะฝนตกไม่ทั่วฟ้า เหมือนฟ้าเลือกที่รักมักที่ชัง

The sky is so immense that there is no way it can rain everywhere at the same time. Whether it rains over the forest, the sea, or the town is up to the wind and clouds. Wherever there is a lot of rain the land is fertile, the leaves are (sprightly,) the frogs croak gaily. Everywhere wants rain but that isn't possible because it can't rain across the whole sky.

It's almost as if the sky chooses who to love and who to hate.

ครูจรรยาอนุญาตเป็นกรณีพิเศษให้ลำน้ำขาดเรียนบ่ายวันพุธเพื่อไปซ้อมได้ แต่ต้องมาตามงานกับเพื่อนร่วมชั้นเรียน ครูจรรยาประกาศในห้องเรียนให้เพื่อนแต่ละคนผลัดกันทำหน้าที่ช่วยลำน้ำสัปดาห์ละครั้ง เกิดเสียงฮือฮาในห้อง ทำนองว่า ฝนตกไม่ทั่วฟ้า ทำไมลำน้ำได้รับอนุญาตคนเดียว ครูจรรยาบอกว่า นี่เป็นเรื่องชื่อเสียงของโรงเรียน ถ้าลำน้ำชนะการแข่งขันได้เหรียญ

มาลัยวัลย์พูดว่า "ได้มาก็อย่าลืมหั่นเหรียญแบ่งให้พวกเราครบทุกคนด้วยนะ"

Teacher Chanya, as a special case, allowed Lum Nam to take Wednesday afternoon off to go and practice, but she had to get the work she'd missed from her school friends. The teacher's announcement in class that everyone should take turns to help her catch up caused a bit of an outcry. It was seen as if the rain was only falling from part of the sky, or why should Lum Nam get special privileges? The teacher explained that if she won a medal it would be prestigious for the school.

Malaiwan suggested that when Lum Nam got the medal she should chop it up so they could all share it.

เสือสิงห์กระทิงแรด

TIGERS, LIONS, BUFFALOS AND RHINOS

seua singh krating raed

มากันพร้อมหน้า สัตว์ร้ายในป่า เป็นภัยและดูคุกคามเท่า ๆ กัน ถ้าต้องเลือกเจอหนึ่งในสี่ เสือ สิงโต กระทิง หรือ แรด คงต้องคิดหนัก เพราะล้วนดุร้ายและไม่เป็นมิตร เสือกับสิงห์กินเนื้อเป็นอาหาร ทำให้น่ากลัวมากขึ้น ส่วนแรดมีนอและดูท่าจะเป็นสัตว์อารมณ์หงุดหงิดพร้อมชน เหลือกระทิงที่ยิ่งเป็นกระทิงเปลี่ยว ก็ไม่สมควรล้อเล่นด้วย

นึกดูว่า ถ้ามาครบสี่ก็เท่ากับว่า ภัยร้ายมาถึงตัวแล้ว อย่างไม่ต้องสงสัย

All four of these wild animals look equally dangerous and fierce. If one had to choose which one to meet on a dark night, it would be a difficult decision. Tigers and lions both eat meat which makes them even more alarming, while the rhino has a dangerous-looking horn which he looks ready to use at the first opportunity. That just leaves the buffalos and if it's a lone animal it should not be teased.

So if all four animals are together it is a sure sign that danger is near.

วันเสาร์นี้ บรรยากาศในละแวกบ้านไม่ดีเอาเลย เริ่มจากมีมอเตอร์ไซค์หลายคันมาขับวนเวียน เร่งเครื่องทำเสียงแสบหูแต่เช้า ตกบ่ายก็มีคนแปลกหน้าจับกลุ่มสูบบุหรี่ พูดคุยเอะอะ เป็นวัยรุ่นชายท่าทางเอาเรื่อง ลุงกับป้าผลัดกันยื่นหน้าไปดู ป้าแกล้งไปถามว่า มาหาใครแถวนี้หรือ ก็ไม่มีคำตอบ มีแต่สายตาไม่เป็นมิตรที่มองมา ลุงมีสีหน้ากังวล ข่าวคงแพร่ไปทั่วแล้วว่าลูกบ้านตรงนี้ตัดสินใจดื้อแพ่ง ไม่ย้ายตามกำหนดเวลาที่แจ้งมา "นี่ส่งเสือสิงห์กระทิงแรดมาขู่กันเชียวรึ" ลุงถามลมถามฟ้า

This Saturday the atmosphere around the house was not good at all. It began early on with a procession of noisy motorbikes driving round revving their engines. Then in the afternoon a group of strangers were hanging about smoking and talking loudly. The youths had an air of looking for trouble. Aunt and Uncle took it in turns to stick their heads out to have a look. Aunt asked them whether they'd come to see someone round here but they did not answer or give a friendly glance. Uncle looked anxious. The news must have spread that the tenants were not going to move out according to the time frame which had been laid down.

So they've sent tigers, lions, buffalos and rhinos to threaten us have they? He asked of no one in particular.

ผู้ดีตีนแดง ตะแคงตีนเดิน

FANCY FOLKS WITH RED SOLES
WALK ON THE SIDES OF THEIR FEET

phu dee deen daeng
dakaeng deen doen

แต่เดิมชาวบ้านเดินเท้าเปล่าเป็นเรื่องธรรมดา ฝ่าเท้าจึงด้านดำ ผิดกับผู้มีฐานะดีที่ย่อมไม่เดินเท้าเปล่า แต่สวมรองเท้า ฝ่าเท้าจึงไม่ด้านไม่ดำ ใครอยากให้ผู้อื่นเข้าใจว่า ตนเป็นผู้ดีมีฐานะ ก็เอาสีแดงมาทาฝ่าเท้าและพยายามเดินในท่าตะแคงเท้า เพื่อให้คนเห็นว่า ฝ่าเท้าแดง ไม่ดำกร้าน เป็นเรื่องน่าขันที่ทำตัวเป็นผู้ดีตีนแดง ตะแคงตีนเดิน

ความหมายของผู้ดีไม่ใช่แค่ฐานะดี แต่เป็นผู้รู้กฎกติกามารยาทในการวางตนและปฏิสัมพันธ์กับผู้อื่น อยากให้ผู้อื่นปฏิบัติกับตนเช่นใด ตนก็ปฏิบัติต่อผู้อื่นเช่นนั้น นี่คือหัวใจของการเป็นผู้ดี ไม่มีอะไรเกี่ยวเนื่องลักษณะฝ่าเท้าท่าเดินและความร่ำรวยเลย อย่าได้เข้าใจผิดไป

In the old days it was the norm for villagers to walk barefoot. Naturally the soles of their feet were dirty and hard, unlike those of richer people who never went without shoes and accordingly had clean, soft soles. Those trying to make people believe they were important would rub red dye on their soles and walk awkwardly on the sides of their feet so people could see they had red soles rather than coarse, black ones.

A truly well-bred person is polite and knows how to behave with others, treating them as he or she would wish to be treated. That is the essence of the concept. It has nothing to do either with how one walks or how much money one has.

ผู้หญิงคนหนึ่งเดินเข้ามาในร้าน ลุงไปส่งปิ่นโต ป้ารีดผ้าอยู่ข้างบน ลำน้ำเฝ้าร้านคนเดียว ผู้หญิงคนนี้ยิ้มให้และบอกลำน้ำว่า อยากสั่งทำเทียนพิเศษจะได้ไหม ลำน้ำไม่แน่ใจ แต่ก็จดรายละเอียดตามที่ลูกค้าบอก ลูกค้าให้เบอร์โทรศัพท์กับชื่อไว้ด้วยและบอกให้ติดต่อกลับไปว่าจะได้ของวันไหน ลำน้ำดูชื่อลูกค้า มองหน้าซ้ำอีกที ทำให้นึกอะไรขึ้นมาได้ แต่ก็ไม่แน่ใจ

ลำน้ำส่งกระดาษให้ลุงเมื่อลุงกลับมา ลุงกำลังเหนื่อย ดื่มน้ำ พลางรับกระดาษไปอ่าน ลุงชะงัก สำลักน้ำพ่นน้ำออกมาเป็นละอองฝอย "หา คุณนายตีนแดงมาเองถึงนี่เลยรึ"

A woman walked into the shop. Uncle was out on his food delivery round and Aunt was ironing upstairs, leaving Lum Nam alone in the shop. The woman smiled at Lum Nam and asked whether she could order a special candle. Lum Nam wasn't sure but she took down the details of the order and her telephone number so she could get back to her.

Lum Nam, seeing the customer's name, looked at her again. Lum Nam gave the paper to her Uncle on his return. He was tired and drinking a glass of water. Jumping up, he choked, expelling the water in a fine mist: "So Miss Fancy Pants with red soles has come here in person, has she?"

ยิงปืนนัดเดียว ได้นกสองตัว

KILLING TWO BIRDS WITH ONE SHOT

ying puen nad diao dai nok song tua

ทำอะไรควรคิดไกลถึงผลที่จะได้รับ หากลงแรงแล้วได้ผลสองต่อ สองเท่า ก็ย่อมเป็นเรื่องดี ไม่สูญเปล่าทั้งแรงงานและความพยายาม อีกทั้งเป็นการเพิ่มพูนกำลังใจเมื่อได้ผลกลับมาคุ้มค่า แต่ก็อาจเป็นเรื่องยากเมื่อนึกว่า จะยิงปืนออกไปเพียงนัดเดียวเพื่อให้เข้าเป้าถูกนกพร้อมกันทีเดียวสองตัวได้อย่างไร ถ้าเป็นปืนฉีดน้ำ ก็อาจยิงเข้าเป้าต่อเนื่องได้ไม่ยาก

แต่ก็มีคนทำได้ อาศัยฝีมือความตั้งใจและโชค ถือเป็นการลงแรงที่ได้ผลเกินคาด

When you are preparing to do something you must think clearly about what will result. Once you have begun if you can double your result, so much the better. Your effort and energy have not been in vain. You feel rewarded. The challenge of killing two birds with one stone is a daunting one but maybe using a water gun you can hit the next target easily. However with a combination of skill, luck and determination one can sometimes achieve this.

เกี่ยงกันอยู่นานว่า ใครจะเป็นคนเอาเทียนไปส่งให้คุณนายสายบัว ลงเอยก็จะไปด้วยกันทั้งสามคน ที่จริงถ้าลุงโทรศัพท์ไปบอกว่า ของที่สั่งไว้ได้แล้ว ก็คงมีคนมารับ แต่ลุงพูดหนักแน่นว่า "ไปกันเองเถอะวะ นัดเดียวได้นกสองตัวชัวร์ ๆ"

There was a lot discussion about who would take the candles to Madame Sai Bua. It was decided that all three of them would go. In fact if Uncle had phoned and said "The goods you ordered are ready", someone would have come for them. But he insisted saying "Let's go, damn it, this way we'll kill two birds with one stone for sure".

ดอกพิกุลร่วง

PIKUL FLOWERS FLOAT DOWN

dok pikul ruang

นิทานพื้นบ้านเรื่อง พิกุลทอง เล่าไว้ว่า หญิงสาวนามว่า พิกุล มีจิตใจงาม พูดจาไพเราะ แต่ถูกแม่เลี้ยงรังแก นางฟ้าสงสารจึงให้พรทุกครั้งที่กล่าวมธุรสวาจา ขอให้ดอกพิกุลทองร่วงจากปาก พิกุลถูกแม่เลี้ยงบังคับให้พูดเพื่อเก็บรวบรวมดอกพิกุลทองไปขาย จนพิกุลไม่อยากพูด เพราะกลัวดอกพิกุลจะร่วง

คำพูดเมื่อออกจากปากไปแล้ว ย่อมเรียกคืนมาไม่ได้ คิดก่อนพูดจึงสำคัญ ถามคำตอบคำ ประหยัดถ้อยคำราวกับกลัวดอกพิกุลร่วง ย่อมเป็นการดีเพราะร่วงหล่นออกมาแล้ว เก็บกลับคืนไม่ได้

จงเป็นนายคำพูดเถิด อย่าให้คำพูดเป็นนายเรา

A village tale relates the tale of a young girl called Pikul who was pure of heart and spoke with a golden tongue. Tormented by her jealous stepmother, the angels took pity on her and granted her a blessing – every time she spoke golden *pikul* flowers would fall from her mouth. Pikul was forced to talk by her stepmother who gathered the golden flowers and sold them. Eventually Pikul did not want to speak for fear of the flowers that fell from her mouth.

Words that have left one's month cannot be recalled. So one must think before speaking. Speaking less as if in fear of the pikul flowers is a good idea – once they have fallen they cannot be taken back.

Be the master of your speech rather than the other way round.

ลุง ป้า ลำน้ำไปถึงหน้าบ้านคุณนายสายบัวเป็นครั้งที่สอง ครั้งนี้มีเป้าหมายสองอย่าง ส่งมอบเทียนและขอต่อรองการย้ายออก เทียนที่สั่งเป็นเทียนขี้ผึ้งอย่างดี สีขาว ยาวเกือบสองเมตร น่าจะเท่าความสูงของใครสักคน จนป้าแน่ใจว่า ต้องสั่งทำมาสะเดาะเคราะห์แน่ ๆ สามคนช่วยกันแบกเทียนลงมาจากรถตุ๊กตุ๊ก แล้วยืนเก้กังอยู่หน้าบ้าน กดกริ่งอึดใจเดียว ก็มีคนเปิดรับและพาเข้าไปพบเจ้าของบ้าน

คุณนายสายบัวสั่งการให้คนรับใช้มารับเทียนไป ก่อนจะหยิบกระเป๋าเงินมาเปิดออกและถามว่า “กี่บาทจ๊ะ”

เงียบกันไปหมด ไม่มีใครตอบ เหมือนกลัวว่า ดอกพิกุลจะร่วงหล่นลงมาในนาทีนั้น

Uncle, Aunt and Lum Nam arrived outside Madame Sai Bua's house for the second time. On this occasion they had two aims: to deliver the candles and ask for a deferral of the eviction. The candles were best quality white beeswax and just short of two metres. They were almost as tall as a person which convinced Aunt that they were intended to exercise a spell.

The family helped carry them out of the *tuk tuk* and stood awkwardly in front of the house. A moment after ringing the bell someone opened the door.

Madame Sai Bua came out and arranged for a servant to take the candle before reaching for her purse and saying "How much?".

Every person was silent. If a *pikul* flower had happened to fall at that moment everyone would surely have heard it.

เสือนอนกิน

TIGERS EAT LYING DOWN

seua non kin

ธรรมชาติของเสือ เมื่อตะปบเหยื่อแล้ว ก็จะลงนอนกัดกินอย่างสำราญใจ เป็นกิริยาที่ชวนสยองเพราะอิ่มเอมอยู่บนเคราะห์กรรมของชีวิตหนึ่งที่ดับสิ้นลง เสือนอนกินจึงหมายถึงอยู่ดีมีสุข หรือได้ผลประโยชน์เป็นกอบเป็นกำ ทั้ง ๆ ที่ไม่ได้ลงแรงให้เหนื่อยยาก ชวนให้นึกอิจฉา

ไม่มีใครทันคิดว่า ก่อนจะได้ลงนอนกิน ก็ต้องเสียแรงไล่ล่าเหยื่อเหมือนกัน คงเพราะตอนไล่ล่าไม่มีใครเห็นมาเห็นตอนเสวยสุขแล้ว

It's in the nature of a tiger once it has grabbed its prey to lie down and eat it with pleasure. It may be shocking that such happiness should come from the extinction of another life. Thus the phrase implies contentment or a state of envy for something good that has been achieved without much effort being expended.

No one reflects on the fact that before it can lie down to eat, the tiger has to chase and catch its prey. Maybe that's because no one sees that part but only when the tiger is relaxing with a tasty meal.

คำพูดของคุณนายสายบัวก่อนลุงป้าและลำน้ำจะกลับออกมา ไม่ธรรมดา เมื่ออยู่ใกล้ คุณนายดูน่าเกรงขาม แม้บนริมฝีปากจะมีรอยยิ้ม "ไปลองคิดดูนะ ตัดสินใจยังไงก็บอกมา มาบอกกันถึงบ้านก็ได้ รู้แล้วนี่นะว่า บ้านฉันอยู่ไหน"

ข้อเสนอของคุณนายสายบัว ทำให้ขากลับลุงกับป้านิ่งเงียบมาตลอดทาง ภาพบ้านหลังโอฬาร สนามหญ้ากว้าง ดอกไม้งาม มีสระว่ายน้ำ ยังติดตาลำน้ำอยู่ "ทำไมคุณนายรวยจังคะ" ลำน้ำถามออกไปอย่างใจคิด "ก็คงมีที่ดิน มีตึกแถวให้เช่านับไม่ถ้วนแหละ เป็นเสือนอนกินสบายใจแฮ" ป้าตอบ ก่อนจะถามลุงว่า "แล้วนี่เราจะยอมเป็นพวกเดียวกับเสือหรือยังไงกันดี"

Madame Sai Bua's words before Uncle, Aunt and Lum Nam came out again were unexpected. When she was up close, Madame looked rather severe even though her lips had a hint of a smile: "Go and think about it, whatever you decide let me know, you know where to find me"

Sai Bua's proposal caused Aunt and Uncle to sit silently all the way home. The image of the impressive house, the expansive lawn, the beautiful flowers, as well as the swimming pool remained engraved on Lum Nam's brain. "Why is Bua so rich?" Lum Nam asked. "Well, she must have lots of land and property for rent, just like a tiger who lies down to eat its prey", Aunt replied. "And are we to be part of the tiger gang or what?" Aunt asked Uncle.

สอนสังฆราช อ่านหนังสือ

TEACHING THE CHIEF PATRIARCH TO READ

son sangkarat aan nang seua

ความรู้เป็นอาภรณ์อันงดงาม ทำให้ผู้ได้ไว้ในครอบครองมีสถานะพิเศษและเป็นเครื่องมือที่นำสู่ปัญญา รวมทั้งการหลุดพ้น ปัญญาอันสูงส่งอาจไม่โดดเด่นสะดุดตาแก่ผู้พบเห็น แต่ต้องเพ่งพิจารณาจึงจะรู้ได้ ผู้มากด้วยปัญญาอาจถ่อมตน จนทำให้คนอื่นคิดว่ารู้มากกว่าและอาสาสั่งสอน หารู้ไม่ว่า กำลังสำคัญผิด ไม่ต่างจากสอนสังฆราช ผู้เป็นเลิศทางปัญญาให้อ่านหนังสือ

ก่อนจะสอนผู้อื่นดู ให้แน่ใจว่า ใครกันแน่รู้มากกว่ากัน

Knowledge is a great benefit. It confers status on one who possesses it and is a tool leading to wisdom and the ultimate enlightenment. True wisdom might not be that impressive to a casual observer. It needs to be studied in order to be understood. Those who are truly knowledgeable may be so modest that others think they are more intelligent and seek to teach them. They don't realise they have misunderstood the situation and that it's rather like teaching a pre-eminent Buddhist monk to read.

Before teaching someone else check to see who has true knowledge.

คุณนายสายบัวยื่นข้อเสนอให้ลุงกับป้าไปเกลี้ยกล่อมให้คนอื่น ๆ ยอมย้ายออกไป โดยมีข้อแลกเปลี่ยนเป็นเงินก้อนโต นอกเหนือจากค่าขนย้ายที่จะให้มากกว่าที่ตกลงกันไว้เป็นสองเท่า "เราจะเห็นแก่ตัวอย่างนั้นได้ยังไง เท่ากับหักหลังกันนะ" ป้าพูดจริงจัง "คุณธรรมกินไม่ได้" ลุงพูดสั้น ๆ และยังเน้นเสียงพูดต่ออีกว่า "ไม่ต้องมาสอนกัน อ่านหนังสือออกอยู่ ถึงจะไม่ใช่สังฆราชก็เถอะ"

ถ้าลุงคิดแค่เรื่องเงินอย่างเดียว ก็ไม่เห็นต้องคิดมาก รับปากคุณนายได้ตั้งแต่เมื่อวานแล้ว น่าจะมีอะไรมากกว่านั้นให้ต้องขบคิด

Madame Sai Bua had proposed that Uncle and Aunt try and persuade the others to agree to move out. In return they would receive a large lump sum, over and above the removal costs which were twice the amount originally offered. "How can we just think of ourselves? It would be like stabbing the others in the back", Aunt exclaimed forcefully. "You can't live off high moral values" Uncle answered shortly. "Don't preach to me. I can still read even if I'm not the chief patriarch", he added.

If he was thinking just about the money, there wasn't that much to think. He had already given his word to Madame yesterday so something else must have been on his mind.

ลิงตกต้นไม้

MONKEYS CAN FALL FROM A TREE

ling tok ton mai

ธรรมชาติของลิงไม่อยู่นิ่ง ปีนป่ายต้นไม้เป็นกิจกรรมหลัก วันไหนร่วงหล่นลงมาจากต้นไม้ ก็ต้องถือว่าพลาดท่าอย่างแรงเพราะเก่งแค่ไหน ก็พลาดกันได้

ผิดพลาดไม่ใช่เรื่องแปลก เพราะผู้เชี่ยวชาญในเรื่องใดก็ตาม ก็อาจพลาดพลั้งในสิ่งนั้นได้ หากจดจำไว้เป็นบทเรียนและเร่งหาทางแก้ไข ก็คุ้มค่ากับการตกลงมาให้ขายหน้า

It's not in a monkey's nature to stay still and climbing trees is a major part of their life. So if and when a monkey falls out of a tree it shows a major error of judgement. That monkey is not really skilled.

To make mistakes is normal. If you treat them as a lesson and learn from them, then it's worth falling out a tree and making a fool of yourself.

ลำน้ำแอบดีใจที่ครูฝึกงด ทั้งเพื่อนทั้งครูจรรยาสงสัยว่าทำไมลำน้ำยังอยู่ในห้องเรียนวันพุธบ่าย "ครูฝึกขาเจ็บค่ะ โทร.มาบอกงดฝึกหนึ่งวันค่ะ" ลำน้ำตอบเจื้อยแจ้วอย่างสบายอารมณ์ "เมื่อวานครูพลาด ตกลงมาจากม้ากระโดดค่ะ" เพื่อนในห้องขำพากันหัวเราะ ครูจรรยาอมยิ้มและมีความเห็นแค่ว่า "เรื่องธรรมดา ลิงยังตกต้นไม้ได้เลย"

Lum Nam was secretly pleased that her trainer had cancelled. Her friends and Teacher Janya wondered why she was still in class on a Wednesday afternoon. "The trainer has hurt his leg and has cancelled for today", Lum Nam answered calmly. "Yesterday he made a mistake and fell off the balance beam" Her friends were amused and laughed, while the teacher suppressed her smile saying simply: "That's normal. Even monkeys fall off trees sometimes."

เดินตามผู้ใหญ่หมาไม่กัด

WALK BEHIND THE ELDERS AND THE DOGS WON'T BITE

doen taam phuyai maa mai kud

สังคมไทยให้ความสำคัญกับการเคารพเชื่อฟังผู้ใหญ่ การน้อมรับฟังสิ่งที่ผู้ใหญ่สั่งสอนและนำไปปฏิบัติตาม เป็นความคาดหวังที่สังคมมีต่อคนรุ่นใหม่ที่จะเติบใหญ่ เป็นอนาคตของชาติ ประสบการณ์ที่หยิบยื่นและส่งมอบจากรุ่นสู่รุ่นเป็นสมบัติมีค่าของสังคม เป็นการสั่งสมและสานต่อที่ไม่ต้องเริ่มนับหนึ่งใหม่ ไม่ต้องลองผิดลองถูก ขอเพียงให้เชื่อ

เดินตามมา ก็จะรอดปลอดภัย ไม่ถูกหมากัดและอื่น ๆ อีก เดินตามเฉย ๆ คงไม่พอ แต่ต้องพินิจพิเคราะห์และสร้างสรรค์สิ่งใหม่ ก่อนจะเลื่อนขั้นขึ้นไปเป็นผู้ใหญ่ เมื่อรุ่นใหม่กว่าตามหลังมา ให้ต้องเป็นฝ่ายคุ้มภัยให้บ้างเช่นนี้ สังคมและประเทศชาติจะรุ่งเรือง

Thai society places great emphasis on respecting and obeying one's elders and betters. It is always hoped that the next generation of Thais will listen and put into practice what their elders teach. Experience which is handed down from father to son, or mother to daughter, is a valuable resource in any culture. In that way one does not have to keep reinventing the wheel. One doesn't need to try this and that, just simply follow in one's elders' footsteps and everything will be ok – the dogs won't bite and much more besides.

However it's not enough to just walk behind - one must also study and create new things before taking one's place as the next generation of elders with other young people coming up behind. In this way society and the country can continue to thrive.

ลุงเดินวนละแวกบ้านหลายรอบแล้ว ที่จริงลุงไม่ได้ชวนลำน้ำ แต่ลำน้ำก็มาด้วยเพราะช่วยลุงถือปิ่นโตไปส่งตามบ้าน ขากลับลุงเหมือนใจลอย ไม่เดินกลับร้าน แต่เลี้ยวไปเลี้ยวมา ปากขมุบขมิบพูดคนเดียว ลำน้ำชักเมื่อย จึงลงนั่งริมขอบถนน ตาคอยมองตามลุง หายเมื่อยเมื่อไหร่ลำน้ำค่อยเดินกลับร้าน เสียงหมาเห่า ทำให้ลำน้ำหันไปมอง หมาตัวเล็กเห่าเสียงแหลมอยู่หลังลูกกรงห้องแถว ลำน้ำหันไปทำหน้าล้อเลียนที่หมาน้อยได้แต่เห่า พอหันกลับมา ก็ต้องผงะหงายหลัง เพราะหมาตัวโตเบ้อเริ่มยืนแยกเขี้ยวน้ำลายยืด ลำน้ำลุกขึ้นได้ ก็โกยอ้าวกลับไปร้าน ถ้าลำน้ำเดินตามลุงไป เรื่องก็คงไม่เกิดขึ้น

Uncle had walked round the neighbourhood many times. He hadn't asked Lum Nam to come too but she tagged along with tiffin boxes for their clients. On the way home, Uncle seemed in a bit of daze, wandering here and there, and mumbling to himself. Lum Nam felt tired so sat down on the edge of the pavement following Uncle with her eyes. When she was no longer tired she would go home. A dog barking made her turn round. A small dog was yapping shrilly behind the sliding gales of a shop house. She turned again to tease him. Swivelling round again she fell over in the face of a huge dog baring his fangs in her face, saliva drooling from his jaws. Struggling to her feet she hared back to the shop. The small dog had been barking at the big one, not Lum Nam. If she had followed her uncle nothing like this would have happened.

ไม้อ่อนดัดง่าย
ไม้แก่ดัดยาก

TO TRAIN A YOUNG TREE IS EASY
TO TRAIN AN OLD TREE IS DIFFICULT

mai oan dud ngai,
mai kae dud yaag

ยามปลูกไม้ดัดสักต้น ก็ต้องตัดเล็มกิ่งก้านที่ยังอ่อนอยู่ เพื่อดัดให้เป็นรูปทรงตามต้องการ แน่นอนว่าหากนำไม้ใหญ่มาดัด ก็ย่อมยากที่จะแปรเปลี่ยนรูปลักษณ์

นิสัยคนเราก็เช่นกัน เปลี่ยนยาก เคยทำอย่างไรก็มักทำอย่างนั้น หากตั้งใจเปลี่ยนจริงก็อาจทำได้ แต่ต้องใช้ความมุ่งมั่นเอาจริงเต็มขีด ส่วนใหญ่มักเป็นนิสัยไม่ดีที่ยากจะเปลี่ยนด้วยเหตุผลนานา วันเวลาก็มีส่วนด้วย นิสัยใดทำมานาน ก็แก้ยาก

เด็กจึงมีโอกาสแก้ไขได้ง่ายกว่าผู้ใหญ่ ไม่ต่างจากไม้เนื้ออ่อนนั่นเอง

If you're trying to train a young tree to curve sinuously this way and that, you have to trim the branches and bend the new shoots for a while. It's obvious that it's hard to change the shape of a mature tree.

Human nature is similar – set in its ways and difficult to change. One tends to behave in the same way. If you truly want to change it is possible but needs real determination. Usually it's bad habits that are difficult to change for a variety of reasons. Time also plays its part – a long-standing habit is more difficult to break.

Children are thus easier to change than adults, no different from a young tree.

ป้าแอบบ่นลับหลังว่า ลุงมีนิสัยชอบเอาชนะ เป็นแบบนี้มาตั้งแต่หนุ่ม ทุกวันนี้เป็นไม้แก่ดัดยากไปแล้ว ในหัวของลุงตอนนี้มีแต่เรื่องหาทางชนะคุณนายสายบัว ลำน้ำก็ชอบเอาชนะ แต่ไม่ค่อยชนะอะไรหรือชนะใคร กีฬายิมนาสติกไม่แพ้ชนะ รู้ดำรู้แดง ต้องชนะตัวเองมากกว่า ในหัวของลำน้ำตอนนี้มีแต่ความกังวลว่า ครูฝึกจะส่งลำน้ำลงแข่งที่ไหน เมื่อไหร่

Aunt said that Uncle always had to be right and had been like this since he was a young man. Now he was like a mature tree and difficult to change. All he could think about now was how to get the better of Madame Sai Bua. Lum Nam also liked to win but in fact it wasn't so much about beating others. Her sport of gymnastics was more about mastering oneself. All she was thinking about was where and when her trainer would send her to compete.

ปลาหมอตาย เพราะปาก

THE PERCH DIES BECAUSE OF ITS MOUTH

plaa mor tai proh paag

หย่อนเบ็ดลงน้ำพร้อมเหยื่อ ก็หวังจะได้ปลาสักตัว ทุ่นขยับ สาวเบ็ดขึ้นมา ใจระทึก ถ้าเห็นดิ้นอยู่เป็นปลาหมอตัวโต ก็จะได้แกงหม้อใหญ่ เคราะห์กรรมของปลาหมอที่ต้องลงหม้อ มีสาเหตุมาจากอ้าปากกินเหยื่อที่ปลายเบ็ดและก่อนหน้านั้น ยังอาจผุดขึ้นมาอ้าปากหายใจบนผิวน้ำ เชิญชวนให้นักตกปลาเลือกหย่อนเบ็ดลงมาได้ถูกที่

ที่ต้องตายก็เพราะปาก เป็นคติสอนใจให้ระวังปาก อย่าพูดพล่อย ถ้าไม่อยากเดือดร้อน

Dropping a baited line into the water, you hope to catch a fish. The line jerks and you reel it in, your heart beating. If a large perch is flapping on the hook you can be sure of a tasty soup. The fish is fated to end up in the pot because it opened its mouth to swallow the bait and before that probably surfaced to take a gulp of air thus encouraging the angler to cast his bait at that spot.

"The perch dies because of its mouth" is a proverb that teaches discretion – loose talk can get you into trouble.

เสียงเอะอะทุ้มเถียงกัน ทำให้ลูกเด็กเล็กแดงและผู้เฒ่าผู้แก่ไม่มีเว้นพากันออกมาดู ลุงนั่นเองที่กำลังส่งเสียงดังใส่ลุงฉ่ำที่แผดเสียงโต้กลับมาอย่างไม่ยอมแพ้ เนื้อหาสาระของการทุ้มเถียงกัน ยังไม่ทันเป็นที่ปรากฏเด่นชัด ลุงฉ่ำก็กำหมัดและเหวี่ยงโดนกกหูของลุงพอดี ท่ามกลางความตกใจของทุกคนในที่นั้น เกิดความเงียบขึ้นชั่วเสี้ยววินาที ก่อนที่ลุงคำรามลั่นและโผเข้าใส่ลุงฉ่ำ พลางระดมหมัดเป็นชุด ลุงฉ่ำหลบหลีก แต่ไม่พ้น เจอหมัดเข้าครึ่งปากครึ่งจมูกจนเลือดไหล เหตุการณ์ที่เหลือชุลมุนจนเกินบรรยาย เสียงใครคนหนึ่งร้องว่า "ปากไม่ดีแท้ ๆ ลุงฉ่ำเป็นปลาหมอรึยังไง ถึงมาเจ็บตัวเพราะปากแบบนี้"

The sound of shouting and quarrelling brought all the locals, young and old, out of their homes to see what was going on. Uncle was raising his voice at Uncle Chum, who was giving as good as he got in return. What they were actually arguing about was not yet clear. Uncle Chum swung his fist and clipped Uncle on the ear, shocking the ring of onlookers. A brief second of silence ensued, before Uncle roared loudly and threw himself onto Uncle Chum with a volley of fists. The latter dodged most of the onslaught but still caught one blow on his lip and his nose till the blood flowed. What happened next was too chaotic to relate. Then someone shouted: "It's your loose talk that's got you into this, Uncle Chum. You're just like a perch! That's why you've got beaten up!"

เหยียบเรือสองแคม

STRADDLING TWO BOATS AT ONCE

yiab reua song kaem

เรือสองลำจอดเคียงกัน เรือหนึ่งลำมีสองแคม แคมซ้ายและแคมขวา หรือริมขอบด้านซ้ายและด้านขวา หากไม่เลือกว่า จะอยู่เรือลำไหน ก็ต้องใช้วิธีกางขา ใช้เท้าซ้ายเหยียบบนแคมขวาของเรือลำที่หนึ่งและใช้เท้าขวาเหยียบบนแคมซ้ายของเรือลำที่สอง น่าสงสัยว่า จะประคองตัวอยู่ในท่านี้ได้นานแค่ไหน เมื่อเรือลำไหนทำท่าจะล่ม ก็จะกระโดดหนีไปอยู่ในเรือลำที่ปลอดภัย

เหยียบเรือสองแคมจึงเป็นวิธีการเอาตัวรอด เท่าที่เหมือนว่า เข้ากับทั้งสองฝ่าย

Two boats are moored side by side. Each boat has two gunwhales – a starboard one and a port one. If you can't make up your mind which boat to choose you can spread your legs wide and stand with one foot on the starboard gunwhale of one boat and the other on the port gunwhale of the second boat. One has to wonder how long someone can balance like that. When one boat looks about to capsize you can jump for safety to the other one. Behaving like this is a way of saving your skin, by seeming to be allied with both parties.

ป้าไม่สงสารลุง แต่ซ้ำเติม ลำน้ำช่วยเอาน้ำแข็งห่อผ้ามาประคบหน้าผากปูดโนให้ลุง เบ้าตาก็เขียวช้ำทันตาเห็น เข้าใจว่า สภาพของลุงฉ่ำ เมื่อเสร็จศึกแล้ว ก็คงไม่ดีกว่ากัน ที่มาของศึกนอกสังเวียน เป็นคำกล่าวหาของลุงฉ่ำทำนองว่า ลุงทำตัวฝักใฝ่สองฝ่าย หลังจากมีข่าวเล็ดลอดออกไปว่าลุงไปหาคุณนายสายบัวถึงบ้าน ถึงแม้จะยังไม่มีใครรู้เรื่องข้อเสนอของคุณนาย แต่เพียงรู้ว่าลุงติดต่อกับคุณนายสายบัว ก็ทำให้ลุงร้อนตัวแล้ว

"อยากเหยียบเรือสองแคมเอง ช่วยไม่ได้" ป้าพูดลอยลมอย่างไม่เห็นใจเอาเลย

Aunt did not feel sorry for Uncle at all. Lum Nam took ice wrapped in a cloth to press against his swollen forehead. His eye was turning black as she watched. Probably Uncle Chum was in a similar state. The reason for the fight was the latter's accusation that Uncle was positioning himself with both parties when the news had leaked out that he had gone to see Madame Sai Bua right at her home. Even though no one knew about Madame's proposal, the mere fact of their contact made Uncle a suspect.

"If he wants to straddle two boats at once in this way what does he expect?" Aunt said without a shred of sympathy for her husband.

กงเกวียน
กำเกวียน

A CARTWHEEL RIM AND
ITS SPOKES BELONG TOGETHER

kong kwien kum kwien

ล้อเป็นสิ่งประดิษฐ์ที่นับเป็นก้าวสำคัญของมนุษยชาติ ช่วยให้การเคลื่อนย้ายอพยพและขนถ่ายสินค้าต่างๆ เกิดขึ้นได้ หากไม่มีล้อ การเดินทางทั้งหลาย ก็จะไม่เกิดขึ้น จนถึงมีเครื่องบินได้ในวันนี้

มีล้อก็ต้องมีกงและมีกำ กงที่ล้อเกวียน คือ ส่วนที่เป็นวงล้อ กลิ้งไปบนพื้น กำที่ล้อเกวียน คือ ส่วนที่เป็นซี่ล้อเมื่อล้อเคลื่อนที่ กงจะหมุนไปพร้อม ๆ กับกำกงคู่กับกำ แยกออกจากกันไม่ได้ ต้องเคลื่อนตามกันไป กงหมุน กำหมุน เมื่อกำหมุน กงก็หมุน อย่าหัวหมุนเมื่อนึกว่า อะไรที่คู่กัน ก็ต้องคู่กัน แยกออกจากกันไม่ได้ เหมือนร่างกับเงา เหมือนสิ่งที่เราทำลงไปและผลที่เกิดขึ้นตามมา

The invention of the wheel represents one of the greatest strides in human history, enabling freedom of movement, migration and trade. If there were no wheels, there would be no mass transportation including the air travel we enjoy today.

A wheel is made up of spokes and a rim. The *kong* is the wheel rim that runs along the road; the *kum* are the spokes. When the wheel goes round the spokes do too. The rim and its spokes cannot be separated from each other - they travel together, one part turns, the other part turns.

Accept that things that are paired should remain so. Don't try to separate them. It's like a figure and its shadow, or an action and its result.

เวรกรรมมีจริง ทันเห็นกันในชาตินี้ ลำน้ำเคยได้ยินยายที่เพชรบูรณ์พูดบ่อย ๆ แต่แม่จะขยายความให้ฟังด้วยว่า กรรมคือ การกระทำทุกอย่างที่ทำย่อมมีผลตามมาทั้งนั้น เพราะอย่างนั้น เวลาทำดี สิ่งดี ๆ ก็จะเกิดตามมา ถ้าทำไม่ดี ก็ยากที่เกิดสิ่งดี แม่เชื่อแบบนี้ ลำน้ำก็เชื่ออย่างนั้น แต่ความวุ่นวายที่เกิดขึ้น สืบเนื่องตั้งแต่คุณนายสายบัวประกาศไล่ที่ ดูจะไม่ทำให้คุณนายสายบัวเดือดร้อนเอาเลย มีแต่คนอื่นเดือดร้อน ไหนยายเคยบอกว่า กงเกวียนกำเกวียนแหละนะ ลำน้ำเอ๊ย

Karma exists and can be seen in action in a single lifetime. Lum Nam had heard her granny in Petchaboon say this many times to which her mother would add Karma is the same as actions. Every action has an inevitable result. For that reason good actions lead to good results. Similarly bad actions are unlikely to produce good outcomes. This was what her mother and Lum Nam believed.

But despite all the turmoil arising from Madame Sai Bua's announcement that she was kicking out her tenants, she seemed completely untroubled. It was the others who were suffering. So what to make of granny's saying "A cartwheel rim and its spokes belong together, young Lum Nam?".

ก้นหม้อไม่ทันดำ

THE POT BASES HAVE YET TO BLACKEN

kon mor mai tun dam

หุงข้าวด้วยฟืนมีควัน กลายเป็นเขม่าจับก้นหม้อ หม้อใหม่ตั้งเตาหุงข้าว นานไปก้นหม้อก็จะรมเขม่าจนเป็นสีดำ แต่งงานกันใหม่ ๆ ใช้หม้อใหม่ อยู่กินกันนานหม้อใหม่ก็เป็นหม้อเก่า แต่ถ้าอยู่กินกันไม่นานเลิกร้างกันไป หม้อหุงข้าวต้มแกงใช้ไม่นานก็ไม่ทันดำ น่าเสียดายที่ชีวิตคู่ไม่ยั่งยืน ไม่เข้าน้ำเข้าเนื้อ ให้ของใหม่เป็นของเก่า

เลือกคู่ดูให้ดี ก้นหม้อจะได้ทำหน้าที่ให้ดำสมใจ

Cooking on smokey fuel leaves a residue on the pot base, which after a while turns black. Newly-weds have new cooking pots. If they stay together a long time, these pots will become old. But if you don't stay together long, the little-used pots do not have time to blacken. It's sad when relationships don't last long enough for new things to become old. When thinking about a partner, choose wisely so that the pots can be well used and become blackened with age.

ครูจรรยาลาสอนทั้งสัปดาห์ ครูพิศมัยมาสอนแทน เด็กนักเรียนไม่รู้ว่า ครูจรรยาไปไหน จนกระทั่งสิริพรมากระซิบบอกเพื่อนในโรงอาหารว่า ได้ยินมาจากห้องพักครูว่า ครูจรรยาลาไปแต่งงาน "รู้จักกันไม่นานก็แต่งงานกันแล้ว สาว ๆ สมัยนี้ รับรองก้นหม้อไม่ทันดำ" ครูสุนทรีย์พูดแบบนี้ สิริพรรายงานแบบคำต่อคำ

Teacher Chanya took a week-long holiday and was replaced by Teacher Pisamai. The children did not know where he had gone until Siriporn whispered in the dining room that she'd heard the teachers chatting in the common room that he'd gone to get married: "They've hardly known each other and they're getting married! Really with girls nowadays you can bet the pots won't even have time to blacken." Teacher Suntaree exclaimed, a phrase that Siriporn then repeated word for word.

หนีเสือปะจระเข้ ขึ้นต้นไม้ปะรังแตน

ESCAPE A TIGER, MEET A CROCODILE,
CLIMB A TREE AND FIND A HORNET'S NEST

nee suea pa chorakae
kun ton mai pa rang taen

เรื่องร้ายมักไม่มาเดี่ยว แต่มาเป็นคู่ มาเป็นชุด หนีจากเรื่องร้ายเรื่องหนึ่ง แต่กลับไปเจออีกเรื่องที่ร้ายพอกันหรือร้ายยิ่งกว่า นับว่าน่าเศร้า เหมือนเข้าป่าเจอเสือ หนีมาได้ก็มาเจอจระเข้ ขึ้นต้นไม้นึกว่าจะรอดก็เจอต่อแตนทำร้าย แบบนี้คงต้องสะเดาะเคราะห์ใหญ่

หนีเรื่องร้ายเรื่องหนึ่ง แต่กลับต้องมาเจอเรื่องร้ายอีกเรื่องที่อาจร้ายยิ่งกว่า จึงเปรียบว่า หนีเสือปะจระเข้ ขึ้นต้นไม้ปะรังแตน

Bad luck doesn't usually come alone, but in pairs or even in a whole chain. Escaping one bad situation you may well find another or something even worse – just like fleeing the tiger in the forest only to meet a crocodile, then escaping up a tree to find a hornet's nest.

If you get such a string of bad luck you probably should perform a merit-making ceremony.

ลำน้ำไม่ชอบวิชาดนตรีเพราะคิดเสมอว่า ตัวเองเสียงไม่ดี ร้องเพลงไม่เพราะ เครื่องดนตรีที่เคยหัดเล่นก็ลงเอยเลิกเรียนไป ไม่มีทางรุ่งด้านนี้แน่ ๆ ให้ลำน้ำโหนบาร์ครึ่งวัน ยังดีกว่านั่งตีขิมห้านาที ครูลักขณาเข้มงวดไม่เปิดโอกาสให้หนีเวลาเรียกซ้อมวงดนตรีไทย แต่ลำน้ำก็หาหนทาง วันนี้ขอลาด้วยเหตุผลว่า ปวดท้อง ครูลักขณาจ้องตา แต่ก็ยอมให้ไปห้องพยาบาล โชคไม่ดีที่วันนี้ห้องพยาบาลไม่มีเตียงว่าง ครูพยาบาลให้ลำน้ำกินยาขม ๆ แล้วไล่ให้กลับไปซ้อมดนตรีต่อ หนีครูลักขณาไม่พ้น แถมยังต้องกล้ำกลืนยา เจอทั้งเสือเจอทั้งจระเข้แท้ ๆ

Lum Nam did not like music lessons. She thought she had a bad voice and couldn't sing. Every instrument she studied she gave up, convinced she'd never be any good. Swinging on the parallel bars for half a day was preferable to five minutes on the *kim*. The music teacher, Lakana, was strict and gave no opportunity to shirk Thai music practice, but today Luk Nam had got out of it by pleading a tummy ache. The teacher stared deep into her eyes but allowed her to go to the sick bay. Unfortunately no bed was free so the nurse simply made her drink a disgusting potion and go back to music practice.

Not only did she not escape Teacher Lakana, she also had to swallow bitter medicine – truly encountering both a tiger and a crocodile.

กาคาบพริก

A CROW WITH A CHILLI IN ITS BEAK

kaa kaab prik

กาสีดำ พริกสีแดง กาคาบพริกเห็นสีแดงตัดกับสีดำเด่นชัด เช่นเดียวกับคนผิวดำแต่งตัวด้วยเสื้อผ้าสีแดง สวยหรือไม่สวยอยู่ที่ตามอง

หากคิดว่า กาสีดำไม่ควรทำตัวโดดเด่น ก็อาจขัดหูขัดตา ถ้ากากล้าคาบพริกสีสดมาเรียกร้องความสนใจ กาสีดำสมควรหลบซ่อนและนึกอายอย่างนั้นหรือ ให้โอกาสและเปิดใจกว้าง ก็จะเห็นว่า กาก็สวยได้ เมื่อคาบพริก

Crows are black, chillis are red. The bright chilli in a crow's beak contrasts with its inky feathers. It's like a dark-skinned person wearing red. Whether it looks beautiful or not lies in the eye of the beholder. Why can't a crow draw attention to itself? Why should it hide away and be shy? If you have an open mind, you will see that a crow with a chilli in its beak can be a thing of beauty.

ลำน้ำไม่ชอบชุดกีฬาของโรงเรียนเอาเลยเพราะสีแดงสดเร้าใจและเห็นแต่ไกล เวลาลำน้ำใส่สีแดงก็ "ดูไม่จืด" ตามสำนวนของลุงเพราะสีผิวคล้ำเข้ม ลำน้ำจึงขาดความมั่นใจยามต้องสวมใส่ชุดกีฬา ใกล้วันกีฬาสี ก็แปลว่าต้องใส่บ่อย ทีแรกลำน้ำคิดว่า คงจะมีคนล้อเลียนว่าเป็นกาคาบพริกขี้หนู แต่กลับไม่มีเลย ยิ่งเด็กในละแวกยิ่งไม่มีใครกล้า ล้วนหลบตาและเปิดทางให้ลำน้ำเดินผ่าน นับตั้งแต่วันที่ลำน้ำประกาศศักดา ออกอาละวาด ถ้าใครจะวิจารณ์ ก็ต้องพูดลับหลัง อย่าให้ 'กา' ได้ยินก็แล้วกัน

Lum Nam did not like the school's sport strip at all. It was too red and bright, visible from afar. When Lum Nam wore red she looked "pretty stunning" according to Uncle because the red offset her dark skin. However she lacked confidence when she was wearing this outfit. The closer it got to sports day the more she had to wear it. At the beginning Lum Nam was anxious that the kids would tease her for looking like a crow clasping a bird's eye chilli. But on the contrary no one said a word, particularly the children from her neighbourhood. All lowered their glances and stood aside for her to walk by. Since the day she had taken on the bullies, if anyone wanted to criticize her it had better be behind her back. Don't let the "crow" hear was the word on the street.

ขี่ช้างจับตั๊กแตน

RIDING AN ELEPHANT TO CATCH A CRICKET

kee chaang jub takataen

การงานทุกอย่างเรียกร้องความตั้งใจ จะสำเร็จได้ต้องอาศัยองค์ประกอบหลายประการ รวมทั้งการใช้สติ พินิจพิเคราะห์และวางแผนหาหนทางแยบยล หากพลั้งเผลอหรือมองข้ามอะไรไป ก็อาจทำให้การลงแรงนั้นสูญเปล่าหรือได้ผลกลับมาไม่คุ้มค่า ไม่ต่างจากการจับตั๊กแตนที่เต้นอยู่ตามพื้นด้วยการขึ้นหลังช้าง ออกตามหา ทำงานเล็กให้เป็นงานใหญ่ จนได้ประโยชน์ไม่คุ้มกับการลงทุน

หยุดคิดก่อนลงมือทำ คุ้มค่ากว่าลงมือแล้วพบว่าวิธีที่เลือกใช้เปลืองเปล่าและไม่ได้ผล

All types of work require determination. If it is to be successful many factors come into play – intelligence, analytical skills and planning. If you aren't careful or miss something all your work might be in vain or not worth the effort you put in, rather like trying to catch one of the crickets dancing in the grass from an elephant back. Don't make a mountain out of a molehill and waste a lot of effort on something small.

Stopping to think before you begin something is better than throwing oneself in and then finding that your approach won't work.

ลำน้ำคิดถึงบ้าน พ่อกับแม่ผลัดกันโทรศัพท์มาหาบ้างแต่ไม่บ่อยเพราะเกรงใจลุงป้า ลำน้ำอ้อนให้แม่ซื้อโทรศัพท์มือถือให้ใช้ จะได้เอาไว้โทรไปหา ไม่รบกวนผู้ใหญ่ ใคร ๆ ก็มีใช้ทั้งนั้น แม่ไม่ตอบ ให้พ่อตอบแทน

"ขี่ช้างจับตั๊กแตนเปล่า ๆ ลำน้ำคิดถึงบ้านก็เขียนจดหมายมาก็แล้วกัน" พ่อพูดแค่นี้

Lum Nam was homesick. Her mum and dad took turns to call her but not that often because they didn't want to annoy her Aunt and Uncle. Lum Nam tried to talk her mum into buying her a mobile phone so they could talk without bothering the grown-ups. Everyone had one. Her mum didn't answer leaving her dad to simply say:

"Why take an elephant to catch a cricket? If you're homesick just write us a letter."

ตำน้ำพริก
ละลายแม่น้ำ

POUNDING CHILLI PASTE TO FLAVOUR THE RIVER

tum nam prik lalai mae nam

แม่น้ำกว้างใหญ่ หากต้องการให้น้ำในแม่น้ำมีรสชาติใด ก็ย่อมเป็นเรื่องยาก นึกดูว่า จะได้อะไรจากการตำน้ำพริกทีละครก แล้วละลายลงในแม่น้ำ มีแต่สูญเปล่า ทั้งแรงกายและส่วนผสมที่ประกอบกันเป็นน้ำพริก เห็นภาพชัดเต็มตาว่า ไม่ได้อะไรกลับมาจากการตำน้ำพริกละลายลงในแม่น้ำ นอกจากสูญเสียทรัพยากรไปเปล่า ๆ

เสียเงินไปโดยไม่จำเป็นและไม่คุ้มค่า ก็เปรียบเหมือนว่า ตำน้ำพริกละลายแม่น้ำ

The river is wide and long. To give the water a particular flavour would be extremely difficult. If you imagine pounding a mortar full of chilli paste one after the other and pouring them into the river nothing would be achieved. All your efforts and the ingredients would be wasted.

Spending money pointlessly may be compared to pounding chilli paste and throwing it in the river.

ครูจรรยากลับมาสอนแล้วลำน้ำไปหาที่ห้องพักครูเพื่อแจ้งวันลงแข่งขันกีฬายิมนาสติก ครูจรรยาถามว่า ต้องลาเรียนไปเก็บตัวด้วยหรือเปล่า ลำน้ำตอบว่า ไม่ต้องเพราะยังไม่ใช่กีฬาเขต ครูจรรยาขอให้ครูฝึกทำจดหมายขออนุญาตมาด้วย ก่อนออกมาจากห้องพักครู ลำน้ำเห็นอัลบั้มภาพถ่ายหรูหราบนโต๊ะทำงาน คงเป็นภาพถ่ายงานแต่งงานของครูจรรยาที่ครูคนอื่น ๆ ไปร่วมงานมาและพูดตรงกันว่า ตำน้ำพริกละลายแม่น้ำแท้ ๆ

Teacher Chanya had come back by now. Lum Nam went to tell him the days she was competing in the gymnastics. He asked her whether she had to take time off school to prepare, but Lum Nam explained it was not necessary as it was not the provincial finals. He asked her to get a letter from her trainer. Before leaving the room, Lum Nam saw a fancy photo album on her desk.

It must be pictures from the wedding, which the other teachers had attended and proclaimed in one voice to be a waste of money, just like pounding chilli paste for the river.

สีซอให้ควายฟัง

PLAYING THE FIDDLE TO WATER BUFFALOS

see sor hai kwai fung

สัตว์สี่เท้า เคี้ยวเอื้อง เขาโง้งมีประโยชน์ในการใช้แรงงานไถนา รูปลักษณ์และท่าทีไม่ทำให้เชื่อว่า มีสมองปราดเปรื่องหรือมีอารมณ์สุนทรีย์ หากบรรเลงเพลงด้วยเครื่องดนตรีใดก็ตาม ก็ไม่ทำให้สัตว์สี่เท้านี้เคลิ้มคล้อยตามเสียงอันไพเราะได้ ไม่เข้าหู ไม่รับรู้ มีแต่ผ่านเลยลอยไปกับลม ไม่สมเจตนาผู้บรรเลง อยากจะเอาใจให้รางวัลที่ทำงานหนัก ก็คงต้องให้ฟางหญ้าเป็นอาหาร ไม่ใช่ขับกล่อมดนตรี

การพูดหรือสั่งสอนให้กับผู้ฟังที่โง่เขลา ก็ไม่ต่างจากสีซอให้ควายฟังนั่นแล

This four-legged ruminant animal, with curving horns is a useful beast of burden and ploughs the fields, but its appearance does not suggest a great brain or a musical appreciation. No matter what instrument is played this stolid draft animal will not get into the mood or understand the music, which will simply drift away on the breeze. It will be unrewarding for the musician who wished to reward the beast for all its hard work. Better to give it grass or hay instead of playing a melody.

Similarly speaking to or teaching something to those who are stupid is little different from fiddling a tune for a water buffalo.

ใกล้เส้นตายที่คุณนายสายบัวประกาศไว้ หลายร้านถอดใจยอมขยับขยายไปแล้ว เช่น ร้านตัดผมลมโชย ร้านรับจำนำ ที่เหลืออยู่ยืนหยัดไม่ยอมถอย มีร้านสังฆภัณฑ์ของลุงกับป้ารวมอยู่ด้วย สมโชคแวะมาคุยเครียดกับลุง ลุงพูดด้วยสีหน้าจริงจังว่า ทั้งหมดไม่ใช่เรื่องของทำเลค้าขายที่หาใหม่ไม่ได้ แต่เป็นความผูกพันที่มีต่อสถานที่นี้และความเป็นธรรมในฐานะผู้เช่ามายาวนาน ลุงบ่นแต่ว่า พูดไปก็เท่านั้น เหมือนสีซอให้ควายฟัง สมโชคทำหน้าไม่ดีเพราะเป็นคนเดียวที่ฟังลุงมาตั้งแต่ต้น

As the deadline announced by Madame Sai Bua drew near, several shops had given up and moved out such as the Lom Choei Barbers and the pawn shop. But among those businesses refusing to budge were Aunt and Uncles' Buddhist merchandise shop. Somchok popped in to share his anxieties with Uncle, who repeated with intensity that it wasn't just about the commercial location which would be hard to replicate but it was also to do with their affection for place and the desire for tenants of long standing to receive justice. Uncle grumbled that there was no point talking – it was like playing the fiddle for water buffaloes. Som Chok looked unhappy because he was the only one who had listened to Uncle from the beginning.

เจ๊กตื่นไฟ

CHINESE FRIGHTENED BY THE FIRE

chek toen fai

ลักษณะนิสัยของแต่ละชนชาติที่ชนชาติอื่นมองเห็น อาจไม่เป็นที่ต้องอารมณ์ของชนชาตินั้น ยิ้มสยามของไทยเป็นลักษณะนิสัยที่ต่างชาติมองคนไทยว่า ยิ้มง่าย มีไมตรี อารมณ์ดี ทั้ง ๆ ที่ในความเป็นจริงแล้ว ในบางโอกาสรอยยิ้มของคนไทยไม่สื่อความหมายอะไรมากไปกว่าแทนคำพูดในยามที่ไม่รู้ว่า จะพูดอะไร

ไฟไหม้เป็นมหันตภัยในชุมชนคนจีนที่อยู่รวมกันเบียดแน่นในพื้นที่จำกัด ความกลัวว่า จะเกิดไฟไหม้ปรากฏชัดแม้บนหลังคาศาลเจ้าที่มีมังกรและลูกแก้วเป็นเครื่องรางกันอัคคีภัย เมื่อเกิดเหตุเพลิงไหม้ต้องร้องตะโกนบอกต่อกันและช่วยกันดับไฟ พร้อมๆ กับอพยพขนย้ายข้าวของให้ได้มากที่สุด ก่อนที่จะวอดไปในกองเพลิงไม่มีเหลือ จะไม่ให้ตื่นตกใจส่งเสียงดังได้อย่างไร

The characteristics of a particular ethnic group as defined by outsiders may not please the group itself. The Thai smile, which foreigners think means Thais are friendly and easy going, can be true in some circumstances, but may also simply indicate that they don't know what to say.

Fire used to be a real danger in Chinese communities, packed into a small area. The fear of fire is reflected on the roofs of Chinese temples where dragons hold balls in their mouths as protective guardians against fire. When a blaze did break out everyone would shriek a warning and together try and put it out before fleeing with as many possessions as possible. Why would anyone remain calm and not scream and shout?

ลำน้ำตื่นขึ้นกลางดึกเพราะเสียงเอะอะ ป้าเข้ามากระชากตัวลำน้ำให้ลุกจากที่นอนและพูดสั้น ๆ แค่ว่า "ไฟไหม้ รีบตามมา" ลำน้ำงัวเงียแต่ ก็รีบตามป้าออกมา ผู้คนวิ่งกันสับสน เสียงหวอรถดับเพลิงดังแสบหู ป้าจับมือลำน้ำไว้แน่นไม่ยอมปล่อย ขณะพาฝ่าฝูงคนออกมาจนถึงถนนใหญ่ ป้าฝากลำน้ำไว้กับพี่นวลและหมุนตัวจะกลับเข้าไปในซอย ลำน้ำยื้อมือป้าไว้ ป้าหันมามองและบอกว่า "รออยู่ตรงนี้ ลุงไม่ยอมออกมา ป้าต้องเข้าไปตาม" ลำน้ำอยากร้องไห้ แต่ถึงไม่ร้อง น้ำตาก็ไหลออกมาเพราะควันผู้คนรอบข้างเอะอะเป็นเจ๊กตื่นไฟของแท้

Lum Nam woke in the middle of the night to a dreadful commotion. Aunt dragged her from her bed saying shortly: "there's a fire, come quickly". Lum Nam was sleepy but nevertheless rushed out. Everyone was running hither and thither and sirens from fire engines were blaring loudly. Aunt clasped Lum Nam's hand tightly as they pushed through the crowd to reach the main road. She left her with Pi Nuan and went to plunge back into the soi. Lum Nam held on to her till Aunt said "Stay here. Uncle refuses to leave. I have to go and find him". Lum Nam wanted to cry and even if she wasn't crying, her eyes streamed from smoke. Everyone was shouting and screaming – Chinese frightened by fire for real. However, the images in front of Lum Nam were blurred by a haze of tears.

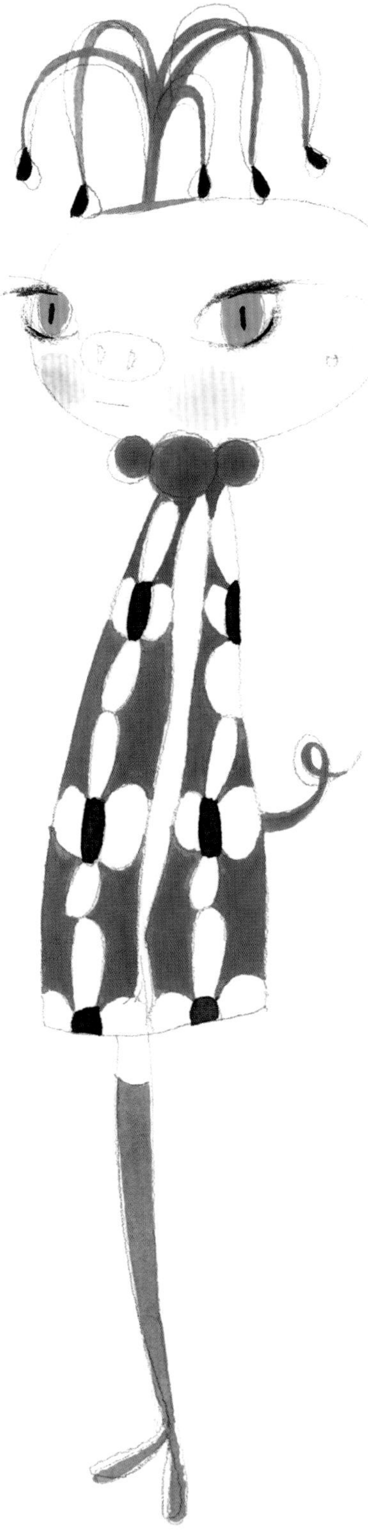

หมูเห็ดเป็ดไก่

PORK, MUSHROOMS, DUCKS AND CHICKENS

moo hed ped kai

ยาไทยเป็นภูมิปัญญาพื้นบ้านที่ใช้สมุนไพรในท้องถิ่นรักษาโรคต่าง ๆ 'หมูเห็ดเป็ดไก่' เป็นยาต้มแก้โรคกษัยหรือโรคที่เกิดจากอวัยวะภายในเสื่อมสภาพ ทำให้มีอาการผอมซูบ ปวดเมื่อยตามร่างกาย โลหิตจาง เป็นต้น ยาต้มทำจากสมุนไพรสี่ชนิด แห้วหมู ใบชุมเห็ด รากต้นตีนเป็ดและใบมะคำไก่ เรียกสั้น ๆ ว่า หมูเห็ดเป็ดไก่ ฟังดูอุดมสมบูรณ์ เป็นอาหารขึ้นโต๊ะชวนอิ่มหนำ

กินยาต้มจนหายจากโรคแล้ว ก็คงจะเจริญอาหารกินได้ครบทั้งหมูและเห็ดเป็ดและไก่

Thai traditional medicine uses ancient knowledge and local herbs to treat various illnesses. The combination referred to as pork, mushrooms, duck and chicken is a herbal potion used to treat illnesses arising from weakened internal organs. Sufferers look thin and drawn, with aching bones and thin blood. Four herbs are boiled up: the *haew moo* grass, the leaves of *chum hed*, the roots of the duck's foot plant and the leaves of chicken tamarind, hence its shorthand name which makes it sound like a tasty and nourishing Chinese banquet.

Once the herbal mixture has cured the patient, he or she will be hungry again and can eat the real pork, mushrooms, ducks and chicken with gusto.

โชคดีที่เพลิงไม่ลุกลามมาก แต่ก็เสียหายกันถ้วนหน้า โดยเฉพาะจากน้ำที่รถดับเพลิงฉีดไปทั่ว พระพุทธรูปองค์โต ๆ ในร้านสังฆภัณฑ์ปลอดภัยดี แต่ก็เปื้อนทั้งคราบเขม่าและเปียกน้ำ ลุงบอกว่า เป็นภาพติดตาลืมไม่ลงในชาตินี้ ภาพกองเพลิงที่โหมเข้ามาใกล้แผ่รังสีความร้อนและเปลวไฟลามเลียกลืนกินทุกสิ่ง ภาพพระพุทธรูปในกองเพลิงชวนสะเทือนใจไม่รู้ลืม วันต่อมาชาวบ้านจัดงานทำบุญปัดรังควาน ตามด้วยโต๊ะจีนปลอบขวัญ ไม่มีใครกินลงทั้ง ๆ ที่หมูเห็ดเป็ดไก่เต็มโต๊ะ

Fortunately the fire did not spread far but a lot of damage was caused nevertheless, especially from the water sprayed by the fire engines. The large Buddha images in the Buddhist Merchandise Shop were perfectly safe but were covered in smuts and water. Uncle said it was a picture he would remember till his dying day – the vision of the approaching fire, radiating heat, the flames licking and devouring everything before it. The sight of the Buddha images engulfed by flames was shocking and unforgettable. The next day the locals arranged a merit-making ceremony with a buffet afterwards to cheer everyone up but no one could eat a thing even though the tables were laden with pork, mushrooms, duck and chicken.

เข้าเมืองตาหลิ่ว ต้องหลิ่วตาตาม

WHEN ENTERING THE LAND OF THE CYCLOPS, BE A CYCLOPS TOO

kao muang ta liw
tong liw ta taam

ตาหลิ่วหมายถึงตาบอดข้างเดียว หากทั้งเมืองมีแต่คนตาหลิ่ว ถึงมีตาดีสองข้าง ก็ต้องทำเป็นบอดข้างเดียว เพื่อจะได้ไม่แปลกแยก เพราะการแปลกแยกแตกต่างจากคนหมู่มากในสังคม ต้องอาศัยความกล้าและความมั่นใจไม่น้อย อีกทั้งยังเป็นเรื่องของการรู้จักกาลเทศะ ยิ่งถ้าเป็นสมาชิกใหม่อ่อนอาวุโสยิ่งต้องพยายามกลมกลืนเป็นหนึ่งเดียวกับสมาชิกเก่าเพื่อความอยู่รอด ทั้ง ๆ ที่ระเบียบปฏิบัติหรือกฎเกณฑ์ในสังคมนั้น อาจไม่ใช่สิ่งที่ตรงกับปรัชญาการดำเนินชีวิตหรือนิสัยใจคอ

แต่ก็ให้ถึงกับต้องเลือกข้างเลือกสีเพียงเพราะไม่อยากแตกต่างเลย

Ta liw means being blind in one eye. If everyone in town is blind in one eye then even if you have two good eyes you may pretend to only have one in order to fit in with the majority. Daring to be different from the crowd takes courage and a great deal of self confidence. Furthermore, when you are a new member of a group you will try even harder to blend in even if the norms of that society may not accord with your own.

But don't base all your decisions on a desire to be unnoticed and not to stand out.

เพื่อนในห้องเรียนกำลังนิยมเปลี่ยนสีผม แต่ทำถาวรไม่ได้เพราะผิดระเบียบ สิริพรใจกล้า ทำสีไฮไลท์มาอวด ผลคือ ผู้ปกครองถูกตามตัวมาพบ แต่เจ้าตัวไม่ทำท่าเดือดร้อน บ่นแค่เสียดายว่า ต้องโกรกสีทับให้ถูกระเบียบ ลำน้ำอดนึกไม่ได้ว่า ถ้าผมทองก็ต้องตาสีฟ้าแบบฝรั่งถึงจะสวย แต่อย่างว่า ใคร ๆ เห็นว่า สวย ลำน้ำก็เออออหลิ่วตาตามกันไป ก็ไม่ลำบากอะไร ลำน้ำคิด แม้จะต้องแลกกับความเป็นตัวเองไปบ้างก็เถอะ

Other girls in her class were going through a fashion of changing their hair colour even if it was not permanent as that was against the rules. Siriporn was brave and showed off her highlights. Her parents were called in to school but she seemed unconcerned, merely regretting that she had to dye over them to conform with the rules. Lum Nam secretly thought that blonde hair went better with blue eyes like a real *farang* but if everyone went along with it she was happy to do so too. Pretending to be one-eyed like everyone else was easy enough, she thought, even if sometimes it meant trading your individuality.

สุกก็จะหอม งอมก็จะหล่น

WHEN RIPE THE FRUIT IS FRAGRANT
WHEN OVERRIPE THE FRUIT WILL FALL

suk kor ja hom, ngom kor ja lon

สุก หอม งอม หล่น
เห็นภาพผลไม้ผลงาม เมื่อสุกก็ส่งกลิ่นหอมหวาน เชิญชวนให้เด็ดไปลิ้มลอง รสชาติตระการใจ หากรอดพ้นจากการถูกปลิดจากขั้ว เมื่องอมเต็มที่ก็จะร่วงหล่นลงพื้น ชวนให้เสียดายนัก คนโบราณช่างสังเกตธรรมชาติรอบตัวและนำมาใช้เปรียบเปรยได้อย่างสวยงาม ของบางอย่างมีจังหวะเวลาอันสมควร ไม่ควรบีบเค้นเร่งรัดให้เกิดผลเร็วดั่งใจหมาย เหมือนผลไม้ที่เมื่อสุกก็จะหอมและเมื่องอมก็หล่นร่วงลงมาเอง การเรียนรู้ศิลปะของการพอเหมาะพอดี ถูกจังหวะเวลา เป็นศาสตร์เฉพาะตัวที่ได้จากการฝึกฝน ผลลัพธ์ที่ได้จะคุ้มค่า คุ้มเวลากับการรอคอย โดยเฉพาะการเลือกคู่ครองที่สมควรรอเวลา

Ripe Fragrant Overripe Fall
Imagine a beautiful fruit. When it's just ripe it exudes a tempting perfume, inviting someone to pick it and enjoy the flavours. If it escapes this fate and ripens fully it will fall from the branch, which is rather a waste. In the old days people observed nature closely and used this knowledge to create poetic sayings and aphorisms. Some things have their proper time and should not be rushed, just like a perfectly ripened fruit. Try and understand that everything has a time and a place, ripeness is all. This is particularly true when choosing a partner.

เหตุการณ์เพลิงไหม้ที่เกิดขึ้น ทำให้ลุงไม่ต้องตัดสินใจเลือกรับหรือไม่รับข้อเสนอของคุณนายสายบัว ไม่มีทางที่ลุงจะ 'เข้าพวก' กับผู้สั่งการที่สันนิษฐานกันว่า เป็นผู้เสียผลประโยชน์ หากชุมชนไม่ย้ายออกไป "มีทางเดียวต้องสู้ให้ตายกันไปข้างหนึ่ง" ลุงประกาศลั่น ลำน้ำนึกไม่ออกว่า ทำไมคนเราจะใจร้าย สั่งให้เผาบ้านคนอื่นแบบนี้ คนกรุงเทพฯ เข้าใจยากจริง "เหลือแต่รอเวลางอมเมื่อไหร่ก็จะหล่นพื้นเองละวะ" ลุงตบท้าย

The fire which had broken out meant that Uncle did not have to decide whether to accept or refuse Madame Sai Bua's proposal. There was no way that he would now ally himself with someone who would have lost out commercially if the locals refused to move.

"The only way is to fight to the death" he announced for all to hear. Lum Nam wondered why some people could be so cruel as to order the houses to be burned in this way. Bangkokians were truly hard to make out. "All we need to do is wait. When the fruit is ripe it will fall to the ground by itself," Uncle concluded.

ดิบ
ripe
fragrancefragrancefragrancefragrancefragrance
ห่าม
not ripe
สุก
หอม
หอม
งอม
งอม
OVER RIPE

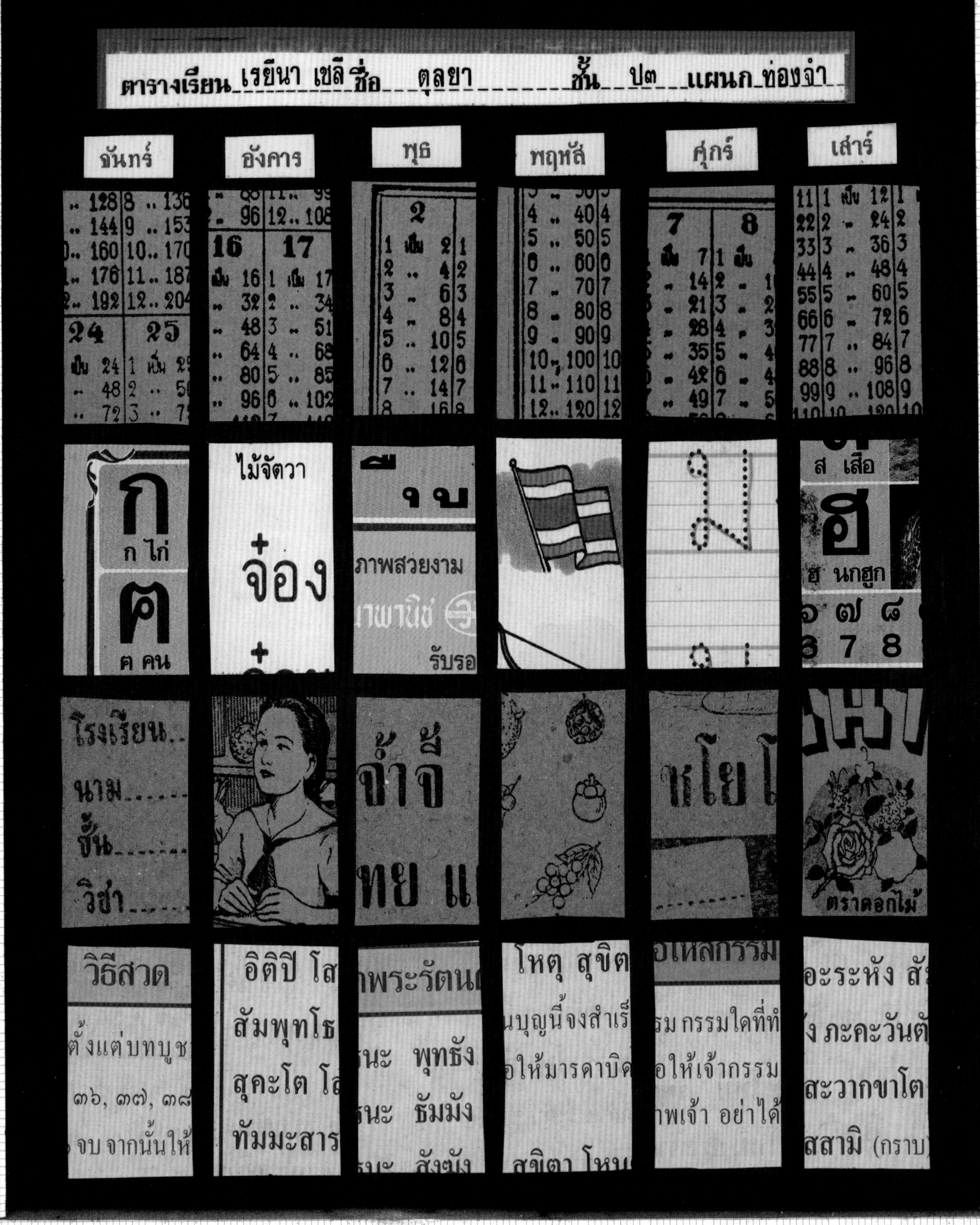

ตารางเรียน เรยีนา เชลี ชื่อ ตุลยา ชั้น ป๓ แผนก ช่องจำ
จันทร์
อังคาร
พุธ
พฤหัส
ศุกร์
เสาร์
ก ไก่
ต คน
ไม้จัดวา
จ้อง
ภาพสวยงาม
รับรอ
ส เสือ
ฮ นกฮูก
๖ ๗ ๘
6 7 8
โรงเรียน
นาม
ชั้น
วิชา
ตราดอกไม้
วิธีสวด
ตั้งแต่บทบูชา
๓๖, ๓๗, ๓๘
จบ จากนั้นให้
อิติปิ โส
สัมพุทโธ
สุคะโต โล
ทัมมะสาร
พระรัตน
พุทธัง
ธัมมัง
สังฆัง
โหตุ สุขิต
บุญนี้จงสำเร็
ให้มารดาบิด
สุขิตา โหนฺ
อโหสิกรรม
กรรมใดที่ทำ
อให้เจ้ากรรม
พเจ้า อย่าได้
อะระหัง สั
ภะคะวันต
สะวากขาโต
สสามิ (กราบ)

ย้ำคิดย้ำทำ

THINKING OVER AND OVER,
REPEATING AGAIN AND AGAIN

yum kid yum tum

ตอกตะปูต้องลงแรง ใช้ค้อนย้ำหลายครั้งให้แน่ใจว่าตะปูลงลึกในเนื้อไม้ ย้ำจึงเท่ากับทำซ้ำ ๆ อยากจดจำอะไรได้ ก็ต้องท่องจำบ่อย ๆ อยากจิตใจสงบ ก็ต้องสวดมนต์ซ้ำ ๆ

แต่คิดซ้ำ ๆ ทำซ้ำ ๆ อาจกลายเป็นการย้ำคิดย้ำทำอยู่แต่เรื่องเดียว เสียเวลา เสียสมองไปเปล่า ๆ เดินสายกลาง ทำแต่พองาม น่าจะดีกว่า

Many hammer blows are needed to ensure a nail sinks deep into the wood. Repetition means doing something again and again. So if you want to remember something, repeat it many times. If you want to feel calm repeat your prayers constantly. However, don't become obsessed and think about just one thing. Then you'll be wasting your time and energy.

Taking the middle way and doing what is necessary seems a better course of action.

ลุงหันมาใช้สื่อช่วยกระพือข่าวเรื่องพื้นที่อนุรักษ์กลางกรุงกำลังถูกรุกราน ชาวบ้านเดือดร้อนเพราะความเห็นแก่ได้ของนายทุน มีนักข่าวให้ความสนใจไม่น้อย เดินเข้าเดินออกสัมภาษณ์ร้านนั้นร้านนี้ ลุงไม่เป็นอันทำอะไร คอยให้ข้อมูลนักข่าวและตามดูว่า คนอื่น ๆ ไม่พลาดโอกาสย้ำถึงความเดือดร้อนที่มากขึ้นเป็นเท่าทวีหลังไฟไหม้เพื่อให้สาธารณชนได้รับรู้ ป้าบอกว่า พักนี้อย่ายุ่งกับลุงเลย เพราะลุงย้ำคิดย้ำทำอยู่เรื่องเดียว

Uncle decided to use the press. He sent out news that a conservation area in the heart of Bangkok was about to be destroyed. Local inhabitants were suffering from the greed of investors. Quite a few reporters were interested and came and went, interviewing first this shop then another. Uncle did nothing except feed information to the journalists and make sure no one passed up this opportunity. He repeated how everything had got even worse after the fire and took care that everyone knew. Aunt said that it was no use bothering with him at the moment – he was thinking over and over, repeating again and again with one thing only.

ว่าแต่เขา อิเหนาเป็นเอง

WHILE BLAMING OTHERS, I-NAO DOES THE SAME

wa tae khao, i-nao pen eng

อิเหนาปฏิเสธนางบุษบาทั้ง ๆ ที่ไม่เคยได้ยลโฉมและต่อมานึกประหลาดใจที่เกิดศึกสงครามเมื่อวิหยาสะกำต้องการชิงนางจากจรกา อิเหนากล่าวตำหนิเหล่าชายว่า เหตุใดจึงต้องมาฆ่าฟันกันเพื่อหญิงคนเดียว แต่แล้ว เมื่ออิเหนาได้พบบุษบา ก็หลงรักและพยายามทำอย่างเดียวกัน คือ แย่งบุษบามาจากจรกา

ที่เคยออกปากกล่าวร้ายในเรื่องใดไว้ แล้วกลับทำเรื่องนั้นเสียเอง ก็จะกลายเป็นอิเหนาที่ไปว่าร้ายเขาอื่น แล้วมาได้กับตัวเอง

In the Javanese and Siamese epic I-nao, the eponymous hero refused Busaba even though he had never seen her and later was surprised that a war broke out because Wihayasakum desired to win her from Joraka. I-nao criticised any man who would fight for the love of a woman. Then when he himself met Busaba, he fell under her spell and tried to steal her away from Joraka.

So remember when you open your mouth to criticize something and then do the same yourself you're like I-nao doing just what he said others should not do.

พระพรชัยแวะมาที่ร้านเพราะได้ข่าวเพลิงไหม้ ป้านิมนต์ท่านนั่งในร้านและหาชาร้อนมาถวาย ลุงกราบท่านแล้วนั่งนิ่งอยู่ เมื่อพระถามเหตุที่มาของเรื่องวุ่นวาย ถ้อยคำก็พรั่งพรูออกจากปากลุงตั้งแต่ต้นจนจบ พระถอนใจและพูดเนิบช้าว่า สิ่งที่ลุงกำลังทำตอนนี้ ก็ไม่ต่างจากที่ลุงถูกกระทำมาในตอนต้น ลุงทำท่าจะแย้ง แต่นิ่งไว้ สีหน้าสงสัย ความชอบธรรมมองได้หลายมุม พระพูดออกมาก่อนจะเปลี่ยนไปถามถึงเครื่องสังฆภัณฑ์ที่ทางวัดต้องการซื้อ

ค่ำนั้น ลุงพูดตอนกินข้าวว่า ไม่อยากเป็นอิเหนา ถ้าลุงกำลังทำตัวเหมือนที่ลุงเคยตำหนิคุณนายสายบัวไว้ก็จะต้องหยุดคิดก่อนแล้ว

The monk Pornchai came to the shop having heard about the fire. Aunt invited him in and served him a cup of hot tea. Uncle paid his respects and sat down. When the monk asked what had led to the fire, all the events of the past weeks spilled out of Uncle's mouth. The monk sighed and said slowly that what he was doing now was not so different from what had been done to him. Uncle looked as if he would argue but kept quiet. He seemed perplexed. "Right and wrong can be looked at from different angles", the monk said before asking about the religious utensils the temple wanted to buy.

That evening while eating, Uncle said he didn't want to be I-nao. If he was doing what he had criticized in Madame Sai Bua he would have to stop and think.

ช้างตายทั้งตัว เอาใบบัวปิดไม่มิด

YOU CAN'T HIDE A DEAD ELEPHANT
WITH A WATER LILY LEAF

chaang tai tung tua
au bai bua pid mai mid

ความผิด ไม่ว่าเล็กหรือใหญ่ ไม่อาจปกปิดได้ ยิ่งถ้าเป็นความผิดร้ายแรงที่รู้กันทั่วแล้ว ยิ่งทำได้ยากหากพยายามปิดบังหรือกลบเกลื่อน ก็ไม่ต่างจากการเอาใบบัวมาบังช้างให้พ้นจากสายตา บังส่วนหัวก็จะเห็นส่วนหาง บังส่วนหาง งวงหรืองาก็จะโผล่ให้เห็น ไม่มีวันปิดได้มิดแน่ ๆ

ยืดอกรับความผิดเป็นทางเดียวที่จะยุติเรื่องอย่างงามสง่า

Wrong doing whether large or small cannot be covered up. If it is something really bad which is widely known it is even harder. If you attempt to conceal it, it's like taking a water lily leaf to hide an elephant. If you block out the head you will still see its back quarters, if you block the tail area, its trunk or tusks will still stick out – you just can't cover the whole animal.

Accepting that one has done wrong is the only elegant solution.

ตำรวจมาสอบสวนหาสาเหตุเพลิงไหม้เพราะสื่อเสนอข่าวต่อเนื่องเรื่องอัคคีภัยกลางกรุง มีมูลเหตุให้ตั้งข้อสันนิษฐานว่า เป็นการวางเพลิง นักเลงในละแวกหลายคนถูกเรียกตัวไปให้ปากคำที่ สน. ทุกคนพูดตรงกันว่าเป็นฝีมือคนนอก คนในไม่ทำแน่ ๆ เรื่องจะสืบสวนให้ไปถึงคนจ้างวาน ลืมไปได้ ทั้ง ๆ ที่เป็นความผิดใหญ่โตที่น่าจะเอาใบบัวมาปิดไม่มิด

ชีวิตดำเนินต่อไป แม้หนทางอนาคตของชุมชนยังมืดมน

The police came to investigate the causes of the fire as a result of the press coverage of the inner city blaze. There were grounds for speculating that it was arson. Many of the local thugs were called for interview at the police station. Everyone agreed it was the work of outsiders, rather than a local. There was no way that the matter would be taken as far as the person who had hired them, despite it being a major crime which was difficult to cover up.

Life went on as usual even though the future of the community was obscure and uncertain.

เข้าด้ายเข้าเข็ม

JUST AT THE MOMENT WHEN THREADING THE NEEDLE

khao dai khao khem

นาทีสำคัญที่ต้องลุ้นกันว่า จะทำสำเร็จหรือไม่ ถือเป็นนาทีทอง หากพลาดไปในนาทีนี้ ก็หมดโอกาสทำสำเร็จ เหมือนเวลาสนเข็มร้อยด้ายเพื่อเย็บผ้า ด้ายจะสนผ่านรูเข็มจึงจะใช้เย็บผ้าได้ ต้องใช้ความพยายามและสมาธิ หากมีใครหรืออะไรมารบกวนในนาทีเข้าด้ายเข้าเข็ม ก็อาจทำไม่สำเร็จ ต้องเริ่มต้นกันใหม่

กลั้นหายใจไว้ มือเที่ยงตาคม ด้ายก็จะสอดผ่านรูเข็มได้ในที่สุด

That crucial moment which can determine whether one succeeds or fails is known as a 'golden opportunity', which once missed does not come again. It's like threading a needle before sewing. Passing the thread through the eye of the needle so that sewing can start takes perseverance and concentration. If someone or something interrupts at the moment when the thread is about to go through the needle's eye, one might waver and have to start again.

Hold your breath at the crucial moment and the thread will pass through the needle eye in the end.

ครูฝึกยืดเวลาซ้อมยาวขึ้นในวันเสาร์ ลำน้ำไม่กล้าอิดออด เพราะรู้ว่า ครูฝึกติดต่อกับพ่อ พ่อย้ำบ่อยว่า ลำน้ำมาถูกทางแล้ว มีพรสวรรค์ เหลือแค่ได้ครูฝึกเก่ง ๆ และครูสงวนเป็นยอดครูฝึก พ่อจึงดีใจเหลือเกินเมื่อครูยอมรับลำน้ำเข้าทีม

ลำน้ำต้องตั้งสมาธิให้ดีเวลาเหวี่ยงตัวลงจากม้ากระโดด มายืนบนพื้น มาลัยวัลย์กับสิริพรขอตามมาดูลำน้ำซ้อม ครูฝึกหน้าดุ บอกสองสาวว่า อย่าส่งเสียงตอนที่ลำน้ำซ้อมกำลังเข้าด้ายเข้าเข็ม ใกล้วันแข่งแล้ว

The trainer scheduled longer practice times for Saturday. Lum Nam did not dare complain because she knew that he was in touch with her father. Her father had told her repeatedly that she was on the right track as she had a real talent and all she had lacked was a good trainer. Sanguan was such a man and her father had been delighted when he took her into the team.

Lum Nam really had to concentrate when she swung herself down from the vaulting horse to land on the mat. Malaiwan and Siriporn asked to tag along to watch practice. The trainer, looking severe, told the two girls not to make a noise when Lum Nam was performing. Things were reaching a critical stage like the moment when threading the needle, as the day of the competition drew nearer.

งงเป็นไก่ตาแตก

CONFUSED AS A FIGHTING COCK WITH A SPLIT EYE

ngong pen kai ta taek

กีฬาชนไก่เป็นกิจกรรมบันเทิงในชนบท เมื่อพ้นฤดูเก็บเกี่ยว ชาวนาชาวบ้านมีเวลาว่างที่จะผ่อนคลายและหาความสนุกสนาน การเลี้ยงไก่ชนเป็นหนึ่งในกิจกรรมที่สนุกคนเดียว ยามคัดเลือกและเพาะพันธุ์เลี้ยงไก่และสนุกเป็นหมู่คณะ ยามอุ้มไก่มาลงสังเวียนพิสูจน์ความเป็นหนึ่ง

เสียงร้องเชียร์ลั่นขอบสนาม ระหว่างที่กะลามะพร้าวเจาะรูใส่ไว้ในอ่างน้ำยังไม่จม เมื่อจมก็ครบหนึ่งยก อุ้มไก่ออกมาให้น้ำได้ เดือยแหลมที่แข้งและจะงอยปากแหลมคม คือ อาวุธพิฆาต หากโดนเข้าที่ตาของคู่ต่อสู้ ก็อาจถึงขั้นตาแตกได้ ไก่ตาแตกกลางสังเวียน มองอะไรไม่เห็น ตกเป็นเป้าให้ฝ่ายตรงข้ามเอาชนะได้อย่างง่ายดาย

งงเป็นไก่ตาแตก เช่น ยามเข้ากรุงแล้วหลงทางเพราะป้ายบอกทางและตึกสูงทุกทิศ แต่ไม่ว่าจะเป็นเพราะสาเหตุอะไรก็ตาม ยามงงเป็นไก่ตาแตกนั้นงงจนอยู่นิ่ง ทำอะไรไม่ถูก

Cock-fighting is a popular pastime in the provinces. After the end of the harvest season the villagers have time to relax and enjoy themselves. Raising and choosing a suitable bird works as a solitary pursuit, while bringing the cock to the ring to try his skill is a lively group activity.

The sound of cheering resounds across the field until the coconut husks pierced with holes sink in their water bowls, the signal that one round is over and that the cockerels can be retrieved from the ring and watered. The sharp spurs on their legs and their pointed, vicious beaks are their weapons. If one of these strikes the eye of the other bird he will be blinded. The loss of sight while in the ring makes him an easy victim and brings victory to his opponent.

Confused as a blinded cockerel can also refer for example to someone new to the city who is over-whelmed by the all signs and tall buildings till he is transfixed to the spot unable to move right or left.

ลุงกัดไม่ปล่อย หาแนวร่วมจากนักอนุรักษ์ที่เข้ามาสำรวจสถานที่และลงความเห็นว่า น่าจะขึ้นทะเบียนเป็นพื้นที่อนุรักษ์ได้ "แล้วยายคุณนายจะทำยังไง" ป้าถาม "ฉันจะไปรู้รึ ได้ข่าวนี้เมื่อไหร่ คงจะงงเป็นไก่ตาแตกแน่ ๆ" ลุงกระหยิ่มยิ้มย่อง

Uncle wasn't giving up. He found support from the conservationists who came to survey the area and said that the site should be listed as a heritage area. "And what will her ladyship have to say about that?", Aunt inquired. "How do I know? When she hears the news she'll be as confused as a blinded cockerel for sure". Uncle replied with a smile.

อโศก
50 เมตร
ถนน
จอมทอง
กลับรถใต้สะพาน
สีลม
ขับขี่คนเดียว
รถควันดำ
เลี่ยงใช้เส้นทาง
เวลา13-15 น.
ยกเว้น
รถประจำทาง
เส้นทางลัด
เลี้ยวซ้าย
ขึ้นทางด่วนเพลินจิต
303
ถนน
ปลอด
ขุด
06.30-08.30
14.00-16.30

๑๙๐
๑๘๐
๑๗๐
๑๖๐
๑๕๐
น.ส. มะลิ ย้วย

สิบแปดมงกุฎ

EIGHTEEN CROWNS

sip-baed mongkut

ในรามเกียรติ์ พระรามทำศึกกับทศกัณฐ์ มีเสนาวานรเป็นกำลังสำคัญสิบแปดนาย ล้วนเป็นเทวดาแบ่งภาคมาเกิดและมีอิทธิฤทธิ์ต่าง ๆ เช่น

บ้างดำลงในอัคนิรุทธ ผุดขึ้นพระเมรุสิงขร
บ้างทำสี่พักตร์แปดกร ชูช้อนขึ้นพื้นปฐพี

ต่อมาในสมัยพระบาทสมเด็จพระมงกุฎเกล้าเจ้าอยู่หัว มีนักเลงการพนันกลุ่มหนึ่งสักตามตัว เป็นรูปมงกุฎ เพื่ออวดความเก่งกาจตามเรื่องราวในรามเกียรติ์ และมีชื่อเรียกว่า สิบแปดมงกุฎ

สิบแปดมงกุฎจึงลงเอยใช้เรียกมิจฉาชีพต้มตุ๋น ที่มีความเก่งในเรื่องหลอกลวงเหยื่อให้เสียทรัพย์ น่าเสียดายมงกุฎทั้งสิบแปดนัก

In the *Ramakien* epic Prince Rama fights with the demon king, Tosakanth. He was aided by eighteen monkey officers, all of whom were *devatas* who had come down to be born on earth, each with different powers.

Some dived into the ocean of fire to arise on
Mount Meru.
Some had four faces and eight arms, which
they raised in battle.

Later during the reign of King Rama VI, there was a gang of gamblers who had crowns tattooed on their bodies to show they were as brave and strong as heroes from the *Ramakien*. They called themselves the Eighteen Crown gang.

As a result the term eighteen crowns was used to refer to those who went around cheating people and parting them from their money.

คุณนายสายบัวตอบโต้ผ่านสื่อด้วยการขุดคุ้ยประวัติของลุง จนดูเหมือนว่า ลุงเป็นพวกสิบแปดมงกุฎที่หน้าฉากดูดี แต่หลังฉากแฝงเจตนาหลอกลวงคนอื่น ๆ ในชุมชน รูปถ่ายของลุงที่ตีพิมพ์ในหนังสือพิมพ์กรอบเล็กจ้อย ดูเจ้าเล่ห์พอควร ลุงเห็นแล้วก็ถอนใจ รำพึงว่า เบื่อแล้วสงครามสื่อ ท่าทางลุงจะยังมีหมัดเด็ดอื่นอีก

Madame Sai Bua responded via the press by digging into Uncle's past as if to suggest he was some kind of gangster like those from the Eighteen Crown gang who on the surface looked legitimate but in fact hid a devilish intent to trick the other members of the community. The pictures of Uncle in the paper were small and made him look shady. When he saw them, Uncle sighed and said he was fed up with the press war. But it seemed as if he still had a few tricks up his sleeve.

ชาติเสือไม่ทิ้งลาย

A TIGER DOES NOT CHANGE HIS STRIPES

chart seua mai ting lai

เจ้าป่าตัวจริง หนีไม่พ้นพยัคฆ์ร้ายเขี้ยวเล็บและพละกำลังในการล่าเหยื่อ หนึ่งไม่มีสอง ยามย่างเท้าออกมาปรากฏตัวให้เหยื่อเห็น ก่อนจะคำรามก้องไพรพร้อมอวดฟันแหลม ก็ทำเอาเหยื่อตกตะลึง หมดสิ้นทางรอด เสือย่อมเป็นเสือ แม้ยามแก่ชราหรือบาดเจ็บก็ไม่ทิ้งความดุร้าย เหมือนเช่น ลายเสือบนร่างที่คู่กาย จนวันตาย

เสือไม่ทิ้งลาย ไม่มีวันเป็นอื่น นอกจากเป็นเจ้าป่าตลอดกาล

The real king of the jungle cannot stop being vicious. Its teeth, claws and strength in hunting prey are second to none. The mere sight of a tiger pacing up and down, roaring and bearing its teeth is already enough to transfix its victim with fright rendering all chance of escape virtually impossible. A tiger even when it is old or wounded, remains a tiger, just like his stripes which will remain part of his body until the day he dies. The tiger cannot change – he is the king of the jungle for eternity.

ลุงยื่นจดหมายขอเจรจากับคุณนายสายบัวเป็นครั้งสุดท้าย ทนายประชุมขอเป็นตัวแทนมาเจรจา แต่ลุงไม่ยอม ยืนกรานว่า ต้องเป็นคุณนายตัวจริงมาเอง ทนายกลับมาบอกว่า ตกลงตามนั้น แต่มีเงื่อนไขหนึ่งข้อ คุณนายต้องเป็นฝ่ายเลือกสถานที่ ลุงกัดฟันตอบตกลงเพื่อให้เรื่องลงเอย ทนายบอกว่า แล้วจะนัดหมายมาอีกที ระหว่างรอลุง นั่งไม่ติด ซักซ้อมคำพูดที่คิดเตรียมไว้ หลังจากหารือกับสมาชิกในชุมชนคนอื่น ๆ

ที่ประชุม ตกลงให้ลุงเป็นคนออกหน้า สมโชคบอกว่าเหมาะแล้ว ลุงไม่ธรรมดาหรอก ชาติเสือย่อมไม่ทิ้งลาย ทุกคนเฝ้ารอวันสำคัญ

Uncle presented a letter asking to talk to Madame Sai Bua one last time. Prachum, the lawyer, asked to negotiate on her behalf, but Uncle refused, insisting that Madame must come in person. Finally, the lawyer agreed but with the provision that she would choose the venue. Uncle had to go along with this but while waiting to hear where it would be he could not sit still, rehearsing the words he had agreed upon with the others in the group.

The meeting decided that Uncle should be the spokesperson. Somchok said he was the right choice. Uncle was no ordinary man. A tiger does not change his stripes. Everyone waited for the big day.

ชิงสุกก่อนห่าม

PLUCKING BEFORE IT'S RIPE

ching suk kon haam

สุภาษิตสอนหญิงของสุนทรภู่ เปรียบการคบหาหญิงชายที่สมควรรอเวลาว่า เป็นเหมือนผลไม้ ควรรอเวลาให้ค่อย ๆ สุกทีละน้อย จากจวนสุกอยู่บนต้นหรือที่เรียกว่า ห่าม แล้วจึงจะสุกงอม หอมหวาน อร่อยร่วงลงพื้นหรือได้เวลาเก็บจากต้น ถ้าสุกก่อนห่าม ก็จะผิดธรรมชาติ

เมื่อสุกงอมหอมหวานจึงควรหล่น
อยู่กับต้นอย่าให้พรากไปจากที่
อย่าชิงสุกก่อนห่ามไม่งามดี
เมื่อบุญมีคงจะมาอย่าปรารมภ์

ต้องสอนทั้งหญิงและชายจึงจะถูกต้อง

This proverb for women by Sunthorn Phu compares looking for a partner with waiting for a fruit to ripen. From almost ripe on the tree to fully ripe and delicious and ready for picking. Something that is ripe before being ready to pick is a contravention of the natural order:

When it is deliciously ripe the fruit should fall
While on the tree don't pick it until it's ready
Don't seek for something to be ripe before its time
When enough merit is accrued the fruit will come.

Both women and men should absorb this lesson.

ลำน้ำยังไม่รู้สึกตัวเองกลมกลืนกับเพื่อนร่วมชั้นในโรงเรียน ลำน้ำไม่ปฏิเสธกิจกรรมที่เพื่อนชวนแม้ว่าบางอย่างจะไม่ค่อยเข้าใจและไม่นึกสนุก ช่วงนี้เพื่อน ๆ เห่อติดเข็มกลัดชมรมรักดีที่เพิ่งตั้งขึ้นใหม่หลังจากเกิดเหตุ รุ่นพี่คนหนึ่งต้องออกจากโรงเรียนไปเพราะมีภาพคลิปฉาว รักดี คือ รักตัว รักก้าวหน้า ไม่ยุ่งกับยาเสพติด ไม่มีเพศสัมพันธ์ก่อนวัยอันควร ที่ลำน้ำไม่เข้าใจก็ตรงที่ทำไมต้องรณรงค์ในเรื่องที่ใคร ๆ ก็ทำอย่างนั้นอยู่แล้ว ลำน้ำลืมนึกไปว่า แถวบ้านลำน้ำเป็นอย่างนั้น แต่ไม่ใช่ที่นี่ ชอบชิงสุกก่อนห่ามกันทั้งนั้น ครูสุนทรีย์เคยบ่นดัง ๆ บ่อย ๆ

Lum Nam still didn't feel comfortable with her classmates. It wasn't that she had to force herself to go to school but she didn't look forward to it. However she didn't refuse to take part in activities suggested by her friends even if she sometimes didn't enjoy them. Currently everyone was wearing Love Virtue brooches after a recently set up club following the expulsion of an older student because a lewd photo had been circulated.

Love virtue meant loving yourself, positive love, rejecting drugs, not having sex before time. Lum Nam didn't understand why one should campaign for something that was what everyone should do anyway. She forgot that while back at home things were like that, here it was different. People seized things before their time, just as Teacher Suntaree was always grumbling.

UNIVERSITY
BIRTH
HIV

หมาหวงก้าง

A DOG GUARDING FISH BONES

maa huang kaang

สมบัติของใคร ใครก็หวง แต่หวงจนออกหน้า จะเอาไว้คนเดียว ไม่ให้ใครมายุ่งด้วย ก็จะถูกเปรียบเปรยเหมือนสุนัขที่แม้แต่ก้างปลาก็ยังระวังไม่ให้ตัวอื่นมาแย่งกิน

สมบัติผลัดกันชม อย่าคิดมาก ไม่ใช่ของเรา ก็คืนเจ้าของไป จะเข้าท่ากว่ายึดไว้ ซึ่งในบางครั้งใช้ทำอะไร ไม่ได้ด้วยซ้ำ

Everyone has a right to guard their own property, but if you go to extremes and refuse to let anyone else share you risk being compared to a dog standing over a pile of old fish bones.

Why not share your treasures and don't take them too seriously. If it's not yours give it back to the owner, especially when very often the thing itself has no real value.

สถานที่ที่คุณนายสายบัวเลือก เกินความคาดหมายของทุกคนที่ขึ้นรถตู้ที่จัดมารับ มีลำน้ำร่วมทางมาด้วย รถตู้จอดลงในบริเวณสวนขนาดใหญ่ริมแม่น้ำเจ้าพระยา แถวนนทบุรี มีศาลากว้าง กลางศาลามีโต๊ะขนาดใหญ่ ตั้งแบบจำลองสิ่งปลูกสร้างที่มีป้ายติดไว้ว่า หอศิลป์ ลุงเดินวนดูด้วยความสนใจ คนอื่น ๆ ก็เหมือนกัน ป้าเป็นคนแรกที่ถึงบางอ้อ ร้องออกมาว่า "แถวบ้านเรานี่" จริงทีเดียว หอศิลป์ตั้งแทนที่ชุมชน "ไหนบอกว่า จะสร้างคอนโดฯ" สมโชคพูดแทนใจทุกคน เมื่อคุณนายสายบัวปรากฏตัว ทุกคนก็ได้คำตอบ หากชุมชนขึ้นทะเบียนเป็นพื้นที่อนุรักษ์ ก็จะทำการค้าในบริเวณนั้นไม่ได้ คุณนายสายบัวมีข้อเสนออีกแล้ว ฟังจนจบ กระจ่างแก่ใจ ก็ไม่มีใครอยากทำตัวเป็นหมาหวงก้าง

The place that Madame Sai Bua chose was way beyond the expectations of all those who had gone in the mini van, including Lum Nam. The van stopped near a large garden on the bank of the Chao Phraya river near Nonthaburi. There was a spacious pavilion with a large table covered with a model building labelled 'art gallery'. Uncle circled the table with interest, as did everyone else. Aunt was the first to exclaim: "But this is where our houses are!" And it was true, an art gallery stood in place of their community. "But I thought they said it was going to be a condo?" Somchok voiced what everyone was thinking. However when Madame turned up their questions were answered. If the community was listed as a heritage area they would not be able to trade there. Madame Sai Bua had a new proposal. When they had heard her to the end there was no one who wanted to be like a dog guarding old fish bones.

ใส่หน้ายักษ์

WEARING THE MASK OF A DEMON

sai naa yak

ยักษ์หน้าตาดุดัน ถมึงทึง บ่งบอกถึงอารมณ์โกรธอยู่ตลอดเวลา ไม่มีทางแสดงอารมณ์อื่นเพราะมีเขี้ยวโง้งอยู่สองข้างแก้ม ใบหน้าของคนในอารมณ์โกรธจึงไม่ต่างจากสวมใส่หน้ายักษ์ไว้ เพียงเห็นก็รับรู้ได้ว่ากำลังไม่พอใจถึงขั้นโกรธ

ใส่ได้ก็ถอดได้ หายโกรธก็ถอดหน้ายักษ์ออกวางไว้ ไม่จำเป็นก็อย่าสวมใส่เลย หางามไม่

Demon's faces are fierce, reflecting their state of constant anger. Indeed they can have no other expression on account of the fangs curving down on either side of their cheeks. The face of an angry human may be likened to someone wearing a demon's mask.

That which is put on can also be removed. Once the anger has passed the mask can be put aside. Even better, try not to wear such a mask at all, it does not make you look good.

ลุงที่ตั้งใจจะมาใส่หน้ายักษ์ ก็เลยต้องระงับไว้ก่อน คุณนายสายบัวไม่ได้มีท่าทีเอื้อไมตรี แต่นิ่งขรึม แม้จะไม่ถึงกับเฉยชาก็ตาม โครงการหอศิลป์เกิดขึ้นเมื่อการเรียกที่ดินคืนจากผู้เช่าไม่ราบรื่น

เพื่อเป็นการพบกันครึ่งทาง ข้อเสนอใหม่ของคุณนายสายบัวคือ อยู่หรือไป อยู่ก็จะได้พื้นที่ค้าขายในบริเวณหอศิลป์ ซึ่งอยู่อาศัยไม่ได้ ค่าเช่าจะลดให้พิเศษ ไปก็คือยอมขนย้ายออกไปอย่างที่เคยคุยกันไว้

คิดดูแล้วตกลงใจอย่างไรก็บอกมา

Uncle, who had planned to come wearing a demon mask, had to wait a while. Madame Sai Bua didn't look exactly friendly but although rather serious she was not entirely cold.

The art gallery project had come about when her attempt to get the land back did not go smoothly. In order to meet halfway, she now made a revised proposal. If they stayed she would give them an area to trade near the gallery but they could not live there. The rent would be specially reduced. If they left they would have to move out as previously discussed. After consideration they should tell her what they had decided.

แมวไม่อยู่หนูระเริง

WHEN THE CAT'S AWAY, THE MICE WILL PLAY

maew mai you noo ra roeng

แมวมา หลังคาเปิง

หนูกลัวแมว ถ้าแมวไม่อยู่ ก็จะพากันสนุกสนานร่าเริงใจ ไม่ห่วงว่า เมื่อแมวกลับมา จะถูกวิ่งไล่จนหลังคาเปิง ขอเพียงมีความสุขตรงหน้าก็พอแล้ว เรื่องของอนาคตไว้ทีหลังก็ยังได้

ใครกลัวใคร ก็เปรียบได้ว่า เป็นหนูเป็นแมว ถ้าเป็นหนูก็ต้องกลัวแมว คิดอ่านสนุกสนานลับหลังก็ต้องรู้ว่า จะเจอกับอะไร

When the cat comes back the roof comes down.

Mice are scared of cats but when the cat's away they can run around and have fun. They don't think about being chased when the cat comes home and whether the roof will collapse. All they ask, is some happiness now, the future comes later.

Anyone who fears another is like a mouse and a cat. If you're a mouse you'll fear the cat and deep inside will know what's coming to you.

คุณนายสายบัวเชิญชวนให้ชาวชุมนุมชิมอาหารคาวหวานที่จัดไว้ ก่อนจะขอตัวกลับ ปล่อยให้ทนายหน้าหอรับหน้าที่ตอบคำถามและส่งแขก ทันทีที่คุณนายสายบัวคล้อยหลัง ทุกคนก็เข้ามารุมล้อมทนายประชุมที่มีสีหน้าสดชื่นกระปรี้กระเปร่า ผิดจากท่าทีนอบน้อมเคร่งขรึมก่อนหน้านี้ ไม่ถึงกับเป็นหนูระเริงยามแมวไม่อยู่ แต่ก็เปลี่ยนไปเป็นคนละคน คุณทนายหยิบเอกสารรายละเอียดห้องเช่าบนพื้นที่ใหม่มาแจกจ่าย พร้อมกับตอบข้อสงสัย "ยังไม่ต้องตัดสินใจตอนนี้ กลับไปคิดให้ดีก่อนก็ได้ครับ" คุณทนายประกาศ "แหงอยู่แล้วสิวะ" ลุงพูดสวนกลับมา

Madame Sai Bua invited the community members to taste the food she'd laid on before they went home. She left it to her personal lawyer to answer any questions and said goodbye. As soon as she went, everyone crowded round the lawyer who now looked happy and smiling unlike the obsequious manner he'd assumed before. He didn't exactly become a party mouse but he was certainly a different person.

The lawyer gave out the documents detailing the new shop houses and answered any questions. "Don't decide now. By all means go home and think things over.", the lawyer proclaimed. "You bet we will" Uncle retorted.

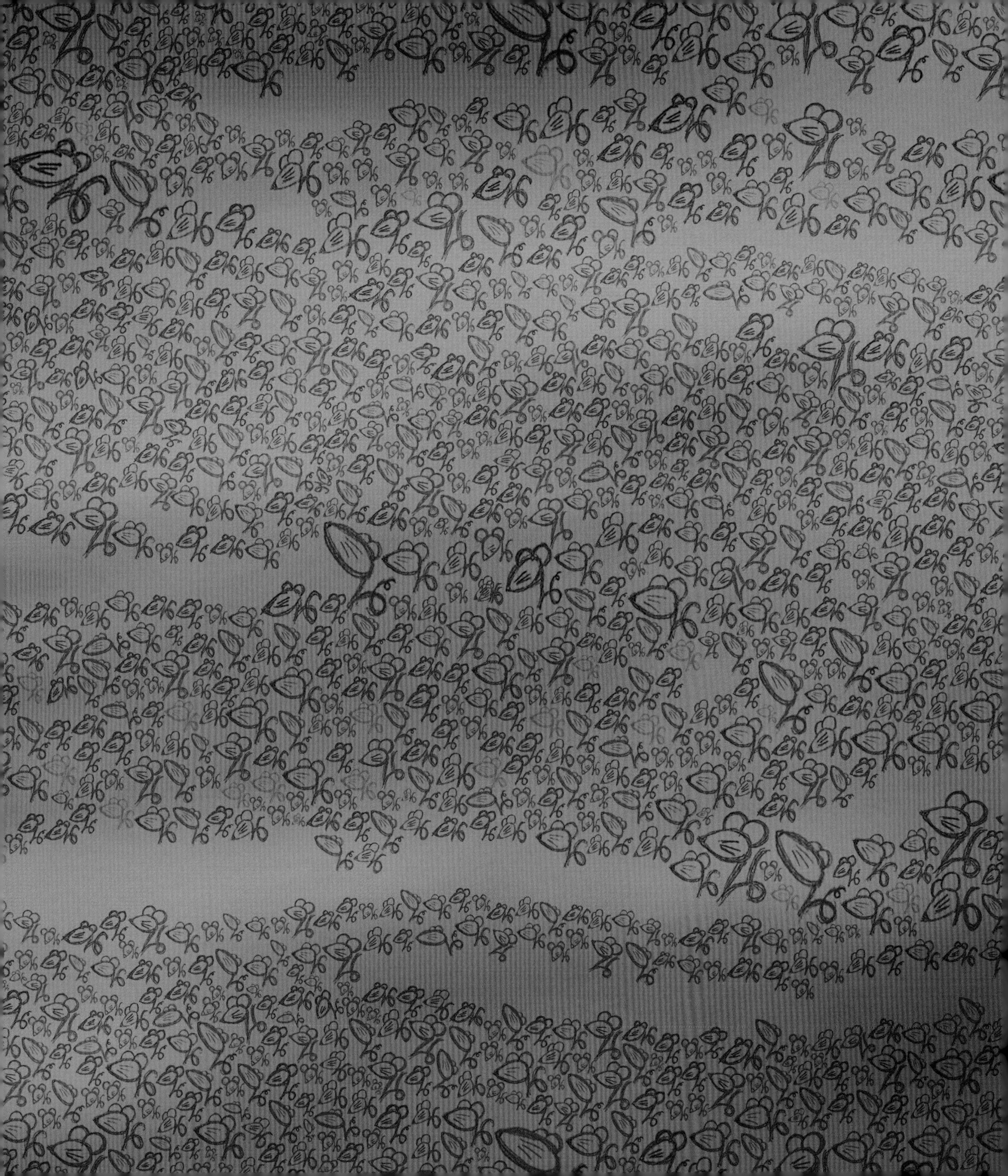

น้ำลดตอผุด

RECEDING WATER REVEALS THE TREE STUMPS

nam lod tor pud

ยามหน้าน้ำหลาก น้ำท่วมทุกแห่ง ไม่รู้เลยว่า มีอะไรอยู่ใต้น้ำบ้าง เห็นเพียงจอกแหน ผักบุ้งผักตบ บัวเผื่อนบัวผันที่ล้วนอยู่บนผิวน้ำ ต่อเมื่อน้ำลดจึงเผยให้เห็นดินโคลน ตอไม้ และอื่น ๆ

ไม่ต่างจากยามมากวาสนาบารมี ความผิดความชั่วปกปิดได้ไม่ยาก เมื่อหมดสิ้นอำนาจ สิ่งที่ซุกซ่อนไว้ก็จะปรากฏออกมา

น้ำหลาก น้ำลด วงเวียนธรรมชาติ ชั่วดีไม่พ้นปรากฏให้เห็น

In the rainy season, there are floods everywhere and what lies underneath the water is hidden. Only algae, swamp cabbage, water hyacinth and lotus are visible floating on the surface. Later when the water recedes the mud and the tree stumps reappear.

It's not so different as periods of good fortune and prestige – the bad things are easily covered over. Then when that person's power wanes, things previously hidden come to the surface.

Floods and their recession are a natural cycle. Bad deeds will be revealed.

ข่าวแพร่ไปทั่วเรื่องปราบคอร์รัปชั่น ผู้มีอำนาจวาสนาพ้นจากตำแหน่งรายวันและหนึ่งในบรรดาผู้อยู่ในข่ายมีมูลให้สอบสวน คือ สามีของคุณนายสายบัว อำนาจเงินของคุณนายยังตั้งมั่นคงดังเดิม เพียงแต่ไม่มีบารมีของสามีมาเปิดทาง แล้วข่าวก็รั่วออกมาว่า โครงการหอศิลป์สวยหรูไม่มีจริง กุขึ้นมาล้วน ๆ โชคดีที่ลุงยังไม่ได้ตกลงใจเซ็นเอกสารยอมโยกย้าย เพื่อแลกกับพื้นที่ค้าขาย ส่วนคนที่เซ็นไปแล้ว แย่หน่อย ต้องขึ้นโรงขึ้นศาลแน่ ๆ "น้ำลดเร็วกว่านี้หน่อยก็ไม่ได้ ตอจะได้ผุดให้เห็นทันเวลา" ป้ารำพึง

News spread about a crackdown on corruption. Powerful people lost their jobs every day and one person under investigation was the husband of Madame Sai Bua. The power of her wealth was unchanged but she no longer had the influence of her husband to open doors for her. It also came out that the fancy art gallery was never going to be a reality but had simply been a fake project. Luckily Uncle had not yet decided to sign the papers agreeing to move in order to get a new commercial lease. Those who had were less fortunate and would have to go to court. "Couldn't the waters have receded more quickly? Then we'd have seen the truth earlier," Aunt murmured to herself.

ปิดทองหลังพระ

APPLYING GOLD LEAF ON THE BACK OF THE BUDDHA IMAGE

pid thong lang phra

พระพุทธรูปบูชาเป็นประธานในโบสถ์สำหรับสักการะเป็นมงคลแก่ตัว พุทธศาสนิกชนเพิ่มบุญด้วยการปิดทองบนองค์พระ มักนิยมปิดบนพระนลาต หน้าตัก หรือพระกร ปรากฏเห็นเด่นชัดแก่คนทั่วไป ย่อมไม่มีผู้ใดเลือกปิดทองหลังองค์พระ เพราะไม่มีใครเห็น เว้นแต่จะเลือกแล้ว การทำสิ่งที่ดีไม่จำเป็นต้องให้ใครเห็น

ทำดี แต่ไม่ได้รับการยกย่อง ไม่มีใครเห็นคุณค่า อาจทำให้ท้อใจและเลิกทำ หากทำความดีด้วยความจริงใจและสุขใจ แม้ไม่มีใครเห็นก็คุ้มค่า ว่ากันว่า ปิดทองหลังพระต่อเนื่องเนิ่นนาน ทองก็จะลามล้นพ้นออกมาจากหลังองค์พระให้เป็นที่ประจักษ์ ถึงตอนนั้นคงไม่เป็นที่ใส่ใจแล้วว่า ทำดีจะมีคนเห็นหรือไม่

A Buddha image is the principal object of worship in the temple *ubosot*. To gain increased merit, Buddhists often apply squares of gold leaf to the statue. Popular places on the Buddha's body are the forehead, his lap or his arms, clear for all to see. Most do not choose to put gold leaf behind the image, as it not visible. Only those who don't want their good deeds broadcast will choose such a spot.

Doing good but receiving no acknowledgement or respect could make one despondent and give up. But if good deeds are done with a pure heart, even if no one is aware of them, they are worth the effort. Indeed, it's said that if you persevere, the gold will spread beyond the back of the image for all to see by which time it probably won't matter if anyone sees your good deeds or not.

ลุงไม่ทันฉุกใจคิดเลยว่า รายได้จากหน้าร้านแทบไม่มีตั้งแต่เกิดเหตุยืดเยื้อ ลูกค้าคงไปซื้อหาจากย่านอื่น รายได้ที่ยังสม่ำเสมอและเพิ่มพูนกลับเป็นอาหารปิ่นโตของป้า ระยะหลังแทบเป็นลำน้ำคนเดียวที่ขี่จักรยานไปส่งปิ่นโตตามบ้าน เสียงตำน้ำพริกของป้ายาวนานขึ้น ป้าอยู่ในครัวนานขึ้น ป้าไม่บ่นท่าทางพอใจกับการปิดทองหลังพระ

Uncle was hardly aware that income from the shop had almost vanished since the troubles had come. His customers must have gone elsewhere. On the other hand, Aunt's takeaway food business was increasing. Recently Lum Nam alone had been cycling around delivering the tiffin boxes. The sound of chilli being pounded lasted longer and Aunt spent more hours in the kitchen, but she didn't complain and seemed happy to put her gold leaf behind the Buddha image.

หมองูตายเพราะงู

THE SNAKE CHARMER CAN DIE
FROM HIS OWN SNAKE

mor ngu tai proh ngu

มากวิชาอวดแสดงให้เห็นในความเก่งกาจ มีโอกาสพลาดได้ หมองูปราบงู วันใดพ่ายงู ก็อาจถึงตายเพราะงูนั่นเอง

เหมือนผู้รอบรู้ชำนาญในการใด ควรหมั่นฝึกปรือ อย่าชะล่าใจและใช้ในทางที่ถูกที่ควร หากไม่อยากดับสิ้นหมดชื่อเพราะความเชี่ยวชาญนั้น

Even though you are very learned and vaunt your knowledge, you can still make a mistake. In the same way an expert snake charmer can get bitten and die from his own snake. Similarly even someone very experienced in a particular field should be wary and do the right thing if they don't want one day to come a cropper from their own cleverness.

สิ่งที่เกิดขึ้นกับคุณนายสายบัว หลังสามีพ้นตำแหน่งดูจะเป็นเรื่อง 'ขาลง' มีคนมาแจ้งข่าวเป็นระยะ เริ่มจากสามีของคุณนายล้มป่วย ทรัพย์สินที่ต้องสงสัยว่า ได้มาโดยมิชอบถูกยึดและสุดท้ายทั้งครอบครัวย้ายออกไปจากกรุงเทพฯ โดยไม่ปรากฏแน่ชัดว่าไปที่ใด เรื่องการเคลื่อนย้ายชุมชนแห่งนี้ลดความสำคัญ จนถึงขั้นเรื่องเงียบหายไป เหมือนคลื่นกระทบฝั่ง

ลุงบอกป้าว่า ครั้งนี้รอดพ้นมาได้อย่างหวุดหวิด ทำให้ได้บทเรียนมากมายโดยเฉพาะ จงอย่าได้ตั้งอยู่ในความประมาท นับจากวันนี้ไป ลุงจะสะสมเงินก้อนหนึ่งไว้สำหรับขยับขยายหาซื้อทำเลค้าขายเป็นของตัวเอง ไม่ต้องเช่า "ลงหลุมเสียก่อนก็ไม่รู้" ป้าพูดสั้น ๆ

น่าสงสารคุณนายสายบัวที่เชี่ยวชาญในการทำทรัพย์ให้งอกเงย แต่ลงเอยถูกยึดทรัพย์เพราะใช้วิธีหลบเลี่ยงกฎหมาย หมองูก็ต้องตายเพราะงู

The things Madame Sai Bua experienced after her husband lost his position were typical of what happens "on the way down". News came in dribs and drabs: her husband fell ill, their unduly large assets were seized and eventually the family moved from Bangkok to an unknown destination. The issue of evicting the community disappeared like a wave disappating on reaching the shore.

Uncle told Aunt that this time they'd just escaped disaster. He'd learnt a real lesson, in particular not to be careless. From now on he would save money so they could buy their own shop and no longer have to rent. "We're more likely to be dead first," Aunt said abruptly.

Poor old Madame Sai Bua, who'd been so good at increasing her assets in the end had lost them because her methods were illegal, just as a snake charmer can be killed by his snake.

สองเพลงตกม้าตาย

JUST TWO BOUTS BEFORE FALLING DEAD FROM THE HORSE

song plaeng tok ma tai

ในพงศาวดารจีน การต่อสู้ใช้อาวุธเข้าประหัตประหารกันเรียกกระบวนรบว่า 'เพลง' การแพ้ชนะอยู่ที่ฝีมือว่า จะต่อกรกันได้กี่เพลง หากฝีมือสูสี หรือ 'กินกันไม่ลง' การต่อสู้ก็จะยืดเยื้อ เมื่อถึงนาทีที่ดาบฟาดลงมาจนปลิดชีวิต ผู้แพ้ก็ตกจากหลังม้า เป็นอันปิดฉากการต่อสู้ที่สูสี แต่ถ้าฝ่ายหนึ่งมีฝีมือเหนือกว่ามาก การแพ้ชนะก็เกิดขึ้นอย่างรวดเร็ว เช่น เพียงต่อสู้กันสองเพลง ก็เอาชนะกันได้จนอีกฝ่ายตกม้าตาย ในวรรณกรรมสามก๊ก ปรากฏการต่อสู้ที่แพ้ชนะในพริบตาและบรรยายว่า สองเพลงตกม้าตาย

หากต่อสู้กันในวันนี้ ก็ขอให้ใช้ฝีมือเต็มที่ ไม่ให้พ่ายง่ายดายในสองเพลงดาบ

In the Chinese chronicles, the fights with different weapons are known as 'moves'. Defeat or victory lies in your skill in going from one move to the next. A well-matched pair ensures to a long contest. Finally, at the moment when the sword crashes down killing one's opponent, he will fall from the horse and the battle is over.

If one contestant is far superior the joust will be short – just two 'moves' and the event is decided. In the epic '*Sam Kok*' such short bouts are known as 'Two moves and you fall dead from you horse.'

If you're planning a battle today use all your skill – don't fall in two moves

ธิดารัตน์ แชมป์เก่าเป็นตัวเก็ง แต่ลำน้ำไม่กลัว กำลังใจล้นปรี่เพราะพ่อแม่มาเชียร์ถึงขอบสนาม ครูฝึกย้ำก่อนลงแข่งว่า แพ้หรือชนะยังไม่ต้องคิด ทำให้ดีที่สุดก่อนขอแค่อย่าพลาดท่า 'ตกม้าตาย' ก็แล้วกัน เรียกเสียงหัวเราะจากครูฝึกคนอื่น ๆ

ลำน้ำกระปรี้กระเปร่าและสนุกสุดใจเมื่อได้โชว์ลีลาใหม่บนฟลอร์ คิดแต่ว่าอยากให้พ่อเห็นว่าลำน้ำเก่งแค่ไหน แม่น้ำตาไหลเมื่อลำน้ำเอาเหรียญไปอวด ยังไม่ใช่เหรียญทอง แต่พ่อก็หน้าบานแล้ว

Thidarat, the former champion was the favourite, but Lum Nam wasn't afraid. She was full of determination because her father and mother were cheering on the sidelines. Her coach reminded her not to think about winning or losing but just do her best. All he asked was not to mess up her moves and 'fall dead from the horse', a remark which made the other coaches laugh.

Lum Nam was full of energy and enjoyed showing off her new moves on the floor. All she thought was that her father should see how good she was. Her mother cried when Lam Nam showed off her medal. Although it wasn't a gold medal yet her father was grinning from ear to ear.

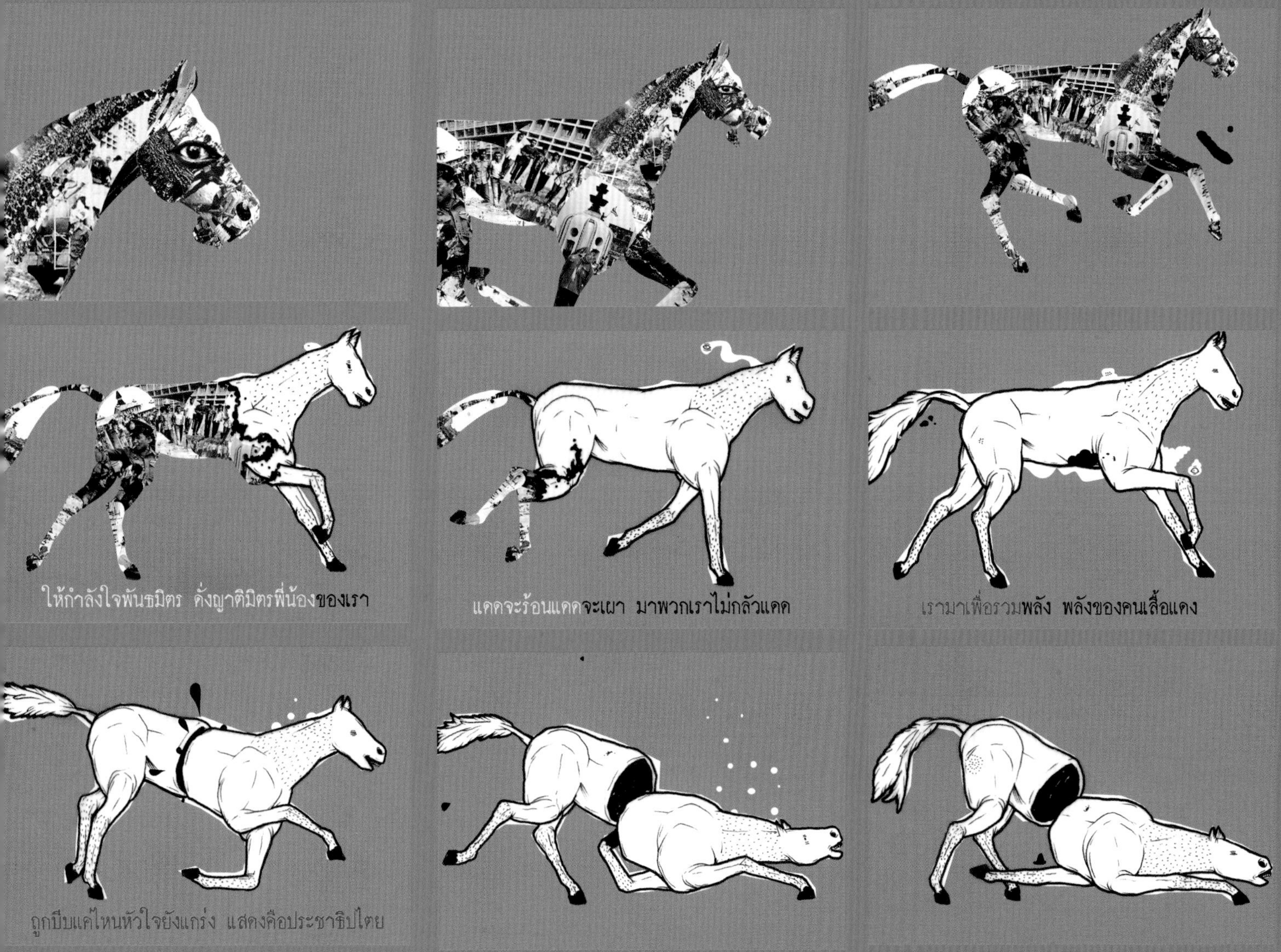
ให้กำลังใจพันธมิตร ดั่งญาติมิตรพี่น้องของเรา
แดดจะร้อนแดดจะเผา มาพวกเราไม่กลัวแดด
เรามาเพื่อรวมพลัง พลังของคนเสื้อแดง
ถูกบีบแค่ไหนหัวใจยังแกร่ง แสดงคือประชาธิปไตย

Contributing artists

เหล่าศิลปิน

FOR FURTHER INFORMATION
THAIFOLKWISDOM@GMAIL.COM

KIJJA YAMUNSABIDIN
กิจจา ยามันสะบีดิน

KAESORN POONJAMNONG
เกษร ผลจำนงค์

JAKKAI SIRIBUTR
จักกาย ศิริบุตร

JITSING SOMBOON
จิตต์สิงห์ สมบุญ

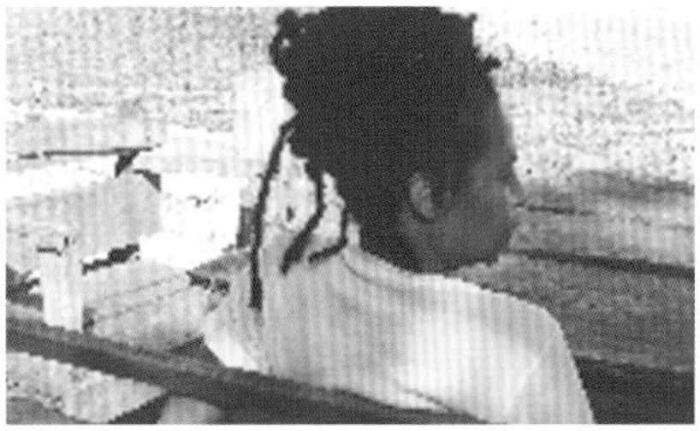

GA-PI
เจษฎา ธีระภินันท์

CHANANYA KIJCHAROENCHAI
ชนัญญา กิจเจริญชัย

CHUSAK SRIKWAN
ชูศักดิ์ ศรีขวัญ

TULAYA PORNPIRIYAKULCHAI
ตุลยา พรพิริยะกุลชัย

THIWAWAT PATTARAKULWANIT
ทิววัฒน์ ภัทรกุลวณิชย์

TEERANAI PHETCHANA
ธีรนัย เพชรนะ

NIPHON SA-NGIEMSAK
นิพนธ์ เสงี่ยมศักดิ์

PRATRAN KOMONHIRUN
ประธาน โกมลหิรัณย์

PINAREE SANPITAK
พินรี สัณฑ์พิทักษ์

M.L. CHIRATHORN CHIRAPRAVATI
ม.ล. จิราธร จิรประวัติ

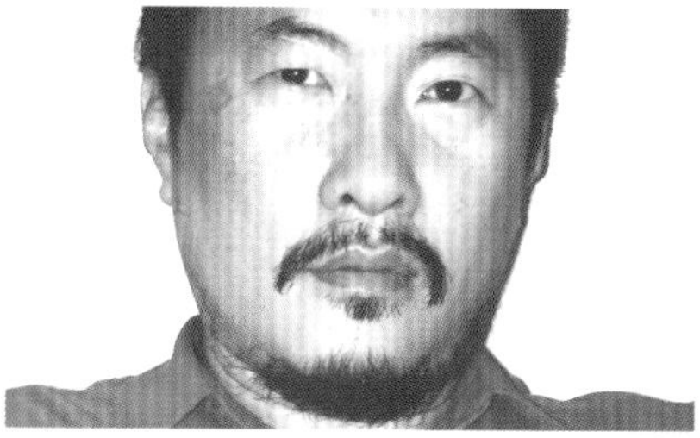

MANIT SRIWANICHPOOM
มานิต ศรีวานิชภูมิ

VORRAVUT JHIARANAI
วรวุฒิ เจียรนัย

WIN LEERASANTHANA
วิน ลีระสันธนะ

SUTEE KUNAVICHAYANONT
สุธี คุณาวิชยานนท์

SURACHAI PATTANAKIJPAIBOOL
สุรชัย พัฒนากิจไพบูลย์

SURACHAI SAENGSUWAN
สุรชัย แสงสุวรรณ

ONGART CHEAMCHAROENPORNKUL
องอาจ เจียมเจริญพรกุล

acknowledgements

ขอบคุณอย่างยิ่ง

แม้ว่า จะไม่เข้าใจทั้งหมด แต่พ่อก็เชื่อมั่นในทุกงานของลูก...แอบหัวเราะกับความคิดสุดขั้ว แต่ก็สนับสนุนอย่างเต็มกำลัง พ่อได้จุดประกายให้ลูกไม่เคยหยุดค้นหา ลูกรักพ่อมากที่สุด

แม่ที่ลูกรักมากที่สุด คนนี้เองที่ย้ำเตือนลูกตลอดมาไม่ให้ลืมภาษาไทยระหว่างอยู่แดนไกล หากแม่ไม่ได้ต่อสู้ทุกทาง การกลับมาเมืองไทยของลูกก็คงเหนือความเป็นไปได้ทั้งมวล หากไม่มีแม่ หนังสือเล่มนี้คงต้องใช้เวลานานมากกว่านี้แน่นอน ลูกเป็นหนี้บุญคุณแม่ตลอดไป

ในขณะที่คุณอาตรีศิลป์ได้ช่วยให้ดิฉันอ่านหนังสือนวนิยายภาษาไทยเล่มแรกในชีวิตและช่วยให้ได้มีโอกาสพบนักเขียน ลำพังดิฉันคนเดียว คงไม่อาจทำให้ความคิดนี้กลายเป็นจริงได้ ขอขอบคุณคุณงามพรรณที่ทำให้ดิฉันมีความสุขล้นเหลือนับตั้งแต่ครั้งแรกที่เราพบกัน

ปัญญาลุ่มลึกและการคัดสรรอย่างจริงจัง ได้มีบทบาทสำคัญในงานชิ้นสำคัญนี้ ก่อนอื่น ดิฉันขอขอบคุณอาจิราภรณ์ ผู้สนใจและมีความรู้ในเรื่องสุภาษิตไทย คุณอาเป็นผู้ชี้ทางให้ดิฉัน ขอขอบคุณพี่มานิตผู้ให้แนวทางผ่านขบวนการคิดอันถ่องแท้ พี่นิ้งและพี่ต่อ ผู้แนะนำทางให้การติดต่องานที่เป็นประโยชน์ยิ่ง พี่พจน์ สำหรับยามบ่ายที่เราช่วยกันจุดไฟให้ลุกโชน! ขอขอบคุณเป็น พิเศษแก่เลดี้ ไอเบอร์รี่ สำหรับความอ่อนหวานและเหนืออื่นใด ขอขอบคุณ ชายนิรนามที่นั่งติดกับดิฉันที่ TCDC

ผลงานชิ้นนี้ย่อมไม่มีทางเกิดขึ้นได้ หากไม่มีผู้อุปถัมภ์ทุกท่าน ที่ได้เห็นความสำคัญและคุณค่าในงานศิลปะ ขอได้รับการคารวะจากใจจริง

หนังสือในรูปแบบที่ต้องใช้จินตนาการอย่างสุดขีดนี้ – ดิฉันขอขอบคุณศิลปินทุกท่านที่เชื่อในความคิดนี้และร่วมงานอย่างมุ่งมั่นและตั้งใจ ขอขอบคุณ หม่อมราชวงศ์นริศรา จักรพงษ์และคุณไพศาลย์ เปี่ยม-เมตตาวัฒน์แห่งสำนักพิมพ์ริเวอร์ บุ๊คส์ ที่มอบโอกาสให้นับแต่เห็นงานนี้ครั้งแรก!

มิตรทั้งหลายของดิฉัน คือ กำลังใจสำคัญในการรักษาสมดุลชีวิต – ขอขอบคุณจากใจ! ยามแมลงปอตัวน้อยเริงระบำสำราญใจด้วยกำลังใจอันอบอุ่นที่ไปได้นุ่มนวลด้วยนินจา

บางสิ่งบางอย่างในชีวิตนี้เป็นสิ่งเหลือเชื่อจริงๆ

Without fully understanding, you are the one who has believed in my every pursuit.... Chuckling at my mad ideas but always supporting them with great enthusiasm, you have inspired me to never cease exploring. I love you the most as well, Dad.

It was my beloved mother that always insisted I remember my Thai throughout my times overseas. Without her strong conviction, my return to Thailand would have been beyond imagination. Without you, mum, this book would have taken much longer to realize. I am forever indebted.

Through Aunt Trisilpa, I read my very first Thai novel and had the pleasure of meeting my writer. It takes two for an idea to come to life. Thank you kindly, K Jane, who had me walking on clouds from our very first meeting!

Wisdom and critical judgement is crucial in this crusade. First and foremost, I am grateful to Aunt Jiraporn, whose interest and knowledge on the subject provided a vital direction. Then I want to thank p'Manit, who never failed to offer thoughtful insights, p'Ning and p'Taw for all their valuable referrals, p'Phot for that afternoon we spent setting things afire! Special thanks to Lady iBerry for her sweetness. Most certainly, to the mystery man I sat with at TCDC.

An enormous thanks for our sponsors for their commitment to advocating Thai creativity!

A book like this requires a fantastic sense of imagination – I would like to thank all the artists who believed in the idea and contributed in such a marvellous way. The fashion photography team were a real joy and a lot of laughs. An enormous thank you to p'Sa and K Paisarn of River Books for taking on the idea at first glance!

Friends are the essential force in maintaining momentum – bless you all! While the cheery little dragonfly flitters about with warm encouragement, the ninja keeps it peachy.

This has been incredible.